19 ANTONIO ROIG LLIVI (1919-2004)

SUPERVIVIENTE DEL HOLOCAUSTO Y GUERRILLERO POR LA LIBERTAD

MIGUEL ÁNGEL CUELLO Y SONYA TORRES

90 ANIVERSARIO DE LA REVOLUCIÓN ESPAÑOLA

Barcelona, enero 2026

Autores: **Miguel Ángel Cuello Márquez** y **Sonya Torres Planells**

Diseño y maquetación: **Toni Sánchez Poy** | **El Lokal**

Fotografías de portada:
Antonio Roig, Barcelona, 01-06-1950 **(Archivo personal A. Roig)**
Ficha de repatriado de Antonio Roig, 03-09-1945 **(SHD, Caen)**

Fotografía de contraportada:
Grupo de exiliados y deportados españoles. Pueblo
Español, Barcelona, 14-04-1968 **(Archivo personal A. Roig)**

Edición:
Associació Cultural el Raval «El Lokal»
C/ de la Cera, 1 Bis. 08001 Barcelona
ellokal@ellokal.org
www.ellokal.org

ISBN: 978-84-129508-7-8
Depósito legal: B 1525-2026

Impresión: Estugraf impresores, S.L.
C/ Pino, 5. 28350 Ciempozuelos, Madrid

ÍNDICE

Dedicado a la memoria de los supervivientes del holocausto, por el gran legado de su experiencia de vida y su ejemplo de lucha y compromiso social, en el 90 Aniversario de la Revolución Española.

Prólogo

En esta historia del Raval rompemos la losa del silencio que impone el implacable paso del tiempo. Aportamos testimonios y fuentes inéditas en la conmemoración de los 90 años de la Revolución Española, y sumamos la voz de un espíritu libre a nuestra memoria colectiva, ejemplo de integridad y resistencia. Antonio Roig cumplió su promesa, ser la encarnación de los que no pudieron sobrevivir, explicar su historia y la de tantas víctimas de la deshumanización fascista. Y luchó contra el olvido hasta su último aliento. Esta es su historia.

Antonio Roig Llivi es parte del clamor colectivo de los deportados de Barcelona que sufrieron el exilio y la deportación, y encarna la memoria de los supervivientes a la barbarie nazi. Un testimonio excepcional de los principales acontecimientos de la historia reciente de nuestro país, pero también nos encontramos ante un testigo directo de dimensión internacional, que aporta los hechos y las pruebas del genocidio y la barbarie nazi.

Roig nació en 1919 en una familia obrera del barrio del Raval de Barcelona, con residencia en la Plaza del Pedró, número 3. De espíritu rebelde e inquieto, su vínculo con el anarquismo surge como reacción y rechazo a la situación desesperada e injusta en la que se ve inmersa la clase obrera de Barcelona desde su nacimiento. El hecho de que los hijos de las familias con recursos económicos pagaban cierta cantidad de dinero y así evitaban el reclutamiento hacia la guerra de África marcará desde temprana edad y para siempre su compromiso de lucha contra la injusticia y la opresión. Por otro lado, Roig se identificaba como ateo y no procesaba religión alguna, además de ser profundamente anticlerical.

Roig también era pacifista, antimilitarista y luchador por la libertad individual y colectiva. Tenía conciencia de clase y no dudó en posicionarse ante las injusticias que sufría el pueblo en la etapa histórica que le tocó vivir. A partir de 1936 es militante de CNT. Recordaba la Farinera del Clot y los máximos exponentes del anarquismo español y europeo, que se convirtieron en sus referentes: Ascaso, García Oliver y Buenaventura Durruti crearon y consolidaron el grupo de acción directa *Los Solidarios*, que se convertirán en el referente de toda una generación de jóvenes marcados por la injusticia, la miseria y la explotación laboral. Vieron en ellos, la oportunidad de cambiar la situación en la que estaban inmersos a través de la solidaridad obrera y la revolución social permanente. Roig recordaba de una forma especial la conmoción y el impacto que causó en la ciudad de Barcelona la muerte de Buenaventura Durruti y el posterior entierro[1]. Por todo lo que engendró un sentimiento de pertenencia al movimiento libertario, una identificación con las ideas anarcosindicalistas, con sus figuras más relevantes y con la Revolución.

El origen humilde de su familia, junto al hecho que quedó huérfano de padre en 1934, serán la causa de que ya desde muy joven empezase a trabajar en un negocio de venta y reparación de aparatos de radio, en una tienda de la Ronda San Pedro de Barcelona. Con 14 años se afilió al CADCI (*Centre Autonomista de Dependents*

---

1   Buenaventura Durruti murió el 20 de noviembre de 1936 en Madrid. Fue trasladado a Barcelona, donde se había organizado un acto multitudinario para su despedida el día 22 de noviembre, al cual asistieron más de medio millón de personas. Fue enterrado el 23 de noviembre en el cementerio de Montjuïc.

del Comerç i de la Indústria)[2], organización catalanista en la que se impartían clases de contabilidad, taquigrafía e idiomas, y que fue su primera experiencia asociativa y combativa. El compromiso por la justicia social y su anticlericalismo radical le llevaron a participar desde muy joven en el activismo social. Así, participó desde Barcelona en el apoyo de solidaridad contra la represión por la huelga general de la Revolución de Asturias (6-10-1934), y a partir de 1936 organiza desde la retaguardia campañas de apoyo al frente republicano y se afilia a la CNT.

Roig se sentía identificado con las columnas de compañeros y compañeras anarquistas que marchaban hacia el frente y desfilaban por las calles de Barcelona, y quiso partir junto a ellos.

Él perteneció a la generación de "la q*uinta del biberón*", y fue movilizado en 1938, recibiendo formación en la Escuela del Cuerpo de Transmisiones de Castellón. Así ingresó en el *Cuerpo de Transmisores del Ejército Republicano* como técnico de las líneas de comunicación y alcanzó el grado de sargento, siendo destinado a La Garriga, a Alp (Gerona) y a Puigcerdà, donde realizó sus últimas instalaciones eléctricas.

Antonio Roig pasó la frontera el 9 de febrero de 1939 por el paso fronterizo de Bourg-Madame, incorporándose a la 26.ª División (que se formó a partir de la *Columna Durruti*) en retirada, *bajo el mando de* Ricardo Sanz García. Sumándose al gran éxodo republicano que actualmente se considera que llevó a más de 465.000 personas a cruzar la frontera de Francia, aunque según los cálculos de Roig fueron unas 800.000 personas.

El camino del exilio en Francia le llevó a ser conducido al campo de Vernet d'Ariège (junto al grueso de los anarquistas), y Septfonds (Haute-Garonne), donde pasó dos y once meses respectivamente.

---

2   En esta época el CADCI estaba ubicado en la Rambla de Santa Mónica, número 28, y durante la guerra fue bombardeado en varias ocasiones.

Miembro de la 24ª CTE (*Compagnies des travailleurs étrangers*), fue detenido en Granges-sur-Vologne (Vosges) y deportado al 140 Frontstalag de Belfort (Fort Hatry), donde fue registrado el 21-10-1940 con el número 8712. El 15-01-1941 ingresó en el campo de prisioneros de guerra del Stalag XI-B, Fallingbostel, con el número 87624.

Deportado el 25 de enero de 1941 (día de su 22 cumpleaños), llegó a Mauthausen con un convoy de 1.506 personas (el más numeroso de la Segunda Guerra Mundial), procedentes del Stalag XI-B de Fallingbostel. El 27 de enero de 1941, fue registrado con el número 5722. También pasó por los campos de Schlier Redl-Zipf, Wiener-Neudorf, Schwechat, Vöcklabruck y Ebensee.

En los campos nazis compartió experiencia vital con los grupos de españoles, y entabló amistad fraternal con otros compañeros del Raval, como Marcial Mayans Costa[3], también anarquista nacido en 1920, siendo ambos supervivientes del holocausto nazi. Marcial Mayans fue deportado a Mauthausen el 24 de febrero de 1942, con el núm. 9057. Trabajó en la cantera un año y fue trasladado a Ebensee, donde trabajó en la perforación de los túneles junto a Roig y ejerció como ordenanza. También Miguel Subils Beneyto[4], deportado de Mauthausen con el número 3163, quien tras su regreso se estableció en Barcelona y se unió a la lucha antifranquista junto a sus compañeros del Raval.

----

3   Marcial Mayans Costa (Barcelona, 14-08-1920 – Perpiñán 15-10-2016). Nació en la calle Aurora del Raval. Comenzó su exilio en Francia en el campo de Argelès-sur-Mer, y estuvo también en Le Barcarès. Siempre estuvo agradecido a Roig, pues decía que en la cantera le había salvado la vida.
Publicó sus memorias en: Testimoniatges i memòries (1936-1945): Una nit tan llarga. Barcelona: Cossetània Edicions. 2009.

4   Miguel Subils Beneyto (Valencia, 18-04-1915). Deportado junto a Marcial Mayans y miembro de la resistencia antifranquista. Era agente comercial colegiado, y creó una empresa ficticia, con sede en el Pasaje Vintró número 13 de Barcelona, de la que imprimió una tarjeta personal en la que aparecía el símbolo del triángulo azul invertido de los apátridas y con la "S" (*Spanier*) que identificaba a los españoles deportados del campo de Mauthausen.

Entre los deportados del Raval que no consiguieron sobrevivir a los campos nazis, recordamos también a Joaquín Pastor Blanco[5], y el caso de Eugenia Ángel Grumberg[6], de quienes en el año 2024 recuperamos la memoria y colocamos una Stolperteine en un acto homenaje con el alumnado del *Instituto Dolors Aleu* de Barcelona[7].

Roig fue liberado en Ebensee el 6 de mayo de 1945, y repatriado a París el 24 de mayo de 1945, con residencia en el *Hotel Lutétia*, que se había habilitado como centro de acogida para supervivientes del holocausto. Fue enviado a Longuyon (Meurthe-et-Moselle), donde es hospitalizado para su recuperación física y psicológica como superviviente, y consigue tramitar la residencia en Francia. Después de la guerra, entre los años 1945 y 1948 residió en Royat y Clermont-Ferrand, donde trabajó de mecánico en la empresa Michelin.

Regresa a Barcelona de forma clandestina, con el nombre de "Anton Roch", el 10 de diciembre de 1948. En Barcelona se casó con Rosa Gimeno Martínez (1-04-1950), con quien tuvo una hija en 1952, Rosa Roig Gimeno (que murió en 1994 sin descendencia).

Desde 1945 su firme compromiso con la memoria de las víctimas del holocausto le llevó a la organización del grupo promotor del Amical de Mauthausen en Francia, y en 1962 fue fundador desde la clandestinidad en España del *Amical de Mauthausen y otros campos de todas las víctimas del nazismo de España*, siendo el primer presidente Joan Pagès Moret. Desde 1995 hasta el 2001 fue el secretario

---

5 Joaquín Pastor Blanco (Lorca, Múrcia, 07-12-1900 – Gusen, 04-01-1943). Fue trasladado a Mauthausen en el "Convoy de los 846" el 13-12-1940, donde fue matriculado con el número 5112. El 24-01-1941 fue trasladado a Gusen, donde fue asesinado en 1943. Colocamos su Stolpersteine en el número 36 de la Rambla del Raval (antigua calle Sant Jeroni).

6 Eugenia Ángel Grumberg (Barcelona, 12-12-1920 – Auschwitz, 23-09-1942). De familia judía, a partir de 1930 fijan su residencia en París, donde es detenida y enviada al campo de exterminio de Auschwitz en 1942. Colocamos su Stolpersteine en la calle Hospital, 73, del Raval.

7 Se puede ver la noticia web en: https://agora.xtec.cat/ins-dolors-aleu-barcelona/general/projecte-stolpersteine-barcelona-acte-homenatge-a-eugenia-angel-i-joaquin-pastor-blanco/

de organización del Amical de Mauthausen en Barcelona. Su activismo y compromiso personal le llevaron a una intensa dedicación en la promoción de la formación de grupos de apoyo a las víctimas y familiares de deportados, la formación de un archivo de memoria, la organización de actos de homenaje internacionales de recuerdo a las víctimas y la consolidación de grupos para la difusión de memoria histórica.

Antonio Roig murió en la *Clínica Barceloneta* el 26 de junio de 2004, a los 85 años de edad. Su última residencia fue en la calle Valencia, 655, entresuelo 1A, del barrio del Clot de Barcelona. A lo largo de su vida tuvo diversos reconocimientos, como la Medalla de la Deportación y del Internamiento Político otorgada por el *Ministerio de los Antiguos Combatientes* de Francia (1968).

Consideramos que honrados y recordados deben ser todos los deportados y las deportadas a los campos nazis y, a partir de nuestra propia investigación, de los nacidos y/o domiciliados en Ciutat Vella de Barcelona, realizamos la siguiente aportación al muro de los nombres de la memoria colectiva:

Eugenia Ángel Grumberg

Jaime Ayala Sánchez

Ramon García Canovas

Elisa Garrido Gracia

Narcís Gibert Galtés

Tomás Gil Díaz

Maria Hernández Espinosa

Marcial Mayans Costa

Mercedes Núñez Targa

Joaquin Pastor Blanco

Joan Rabadà Llagüens

Antoni Roig Lllivi

Josep Sugranyes Boix

Eliseu Villalba Nebot

Para que su memoria no caiga en el olvido y su testimonio no quede silenciado, rescatamos la fuerza de su compromiso contra la barbarie, y recordamos la figura de Antonio Roig, como ejemplo de dignidad y de superación, de resistencia y de solidaridad, por el ideal de un mundo nuevo y por la libertad. Por derecho legítimo como víctima y por todo lo que significa su legado de memoria, desde estas páginas reivindicamos la colocación de una *Stolpersteine*[8] en homenaje y recuerdo de Antonio Roig en Barcelona, en su vivienda familiar de la Plaza del Pedró, 3, 08001 Barcelona[9]; siendo por derecho el texto de memoria *Stolpersteine:*

> Aquí vivió
> Antonio Roig Llivi
> Nacido 25-01-1919
> Exiliado 1939
> Deportado 27/01/1941
> Mauthausen 5722
> Liberado.

Por toda una vida de lucha, por tu ejemplo de superación y de solidaridad, compañero Antonio Roig, no te olvidamos.

Sonya Torres Planells,
Barcelona, 10 de octubre de 2025

---

8   *Stolpersteine* (piedra que hace tropezar), es un cubo de hormigón de 10 cm con una placa incrustada de cobre y zinc, en la que están gravados los nombres y los datos esenciales de personas que fueron perseguidas, deportadas, asesinadas o empujadas al suicidio por los nazis. Un proyecto del artista Gunter Demnig (Berlín, 1947) para honrar la memoria de las víctimas del régimen de la Alemania nazi, que empezó siendo ilegal colocando la primera el 16-12-1992 en Colonia y que actualmente está presente en 27 países de Europa y es el mayor monumento descentralizado del mundo que recuerda el Holocausto.

9   Valga también la propuesta para su última residencia en la calle Valencia, 655, 08026 Barcelona.

Introducción

En otoño de 1998, Núria Vives Ferrer, profesora titular de Filosofía de nuestro instituto Ramón Berenguer IV de Santa Coloma de Gramanet, me puso en contacto con el *Amical de Mauthausen*, de la calle Aragón número 312 de Barcelona. En aquellos momentos tenía 15 años, y en toda nuestra escolarización nunca nadie nos había hablado de deportados republicanos en los campos nazis. Sentía interés por el tema, me puse los zapatos y fui. Antes de llegar, entré en el *Bar La Perla*, esquina Calle Aragón. Entré y pedí un café. A mi lado vi a un hombre con tirantes, camisa amarillo canario y pantalón de campana. A mi lado una madre tomando una cerveza con un niño de corta edad y con una bolsa de patatas fritas sobre la barra. El niño me dijo que no le gustaban y las arrojó sobre la barra.

Antoni hizo un comentario en voz baja: -¿Sabes cuántas vidas se podrían haber salvado con lo que no te gusta? -Y el niño bajó de la barra y salió junto a su madre del bar.

Antoni era anarquista y militante de la memoria. Su generación había quedado marcada por la injusticia social, la pobreza, la guerra, el exilio y los campos de concentración. Un hombre sincero, de trato muy humano, humilde y muy cariñoso, con una gran dosis de sentido del humor, a pesar de todo lo que había vivido y habían visto sus ojos. La tarde avanzó rápidamente y se hizo de noche. Y le dije que iba a la asociación del Amical para hablar con supervivientes españoles. Él me miró y me dijo:

-¿Nano vendrás mañana? Si vienes mañana, mañana mismo hablamos.

-Y me golpeó en el brazo y en la espalda. Y acto seguido, se cogió a los tirantes y me dijo:

-Yo estuve en Mauthausen -y bajó la mirada-, estuve cuatro años y cuatro meses, yo puedo contar lo que yo he vivido. Todo lo que no viví, no te contaré.

En el bar *La Perla* de Barcelona empezó una amistad que duró hasta su muerte, el 26 de junio de 2004. Su recuerdo sigue vivo en mi memoria desde entonces, y ahora ya no quedan supervivientes que puedan explicar la barbarie nazi en primera persona.

Al día siguiente volví a quedar con aquel hombre de los tirantes y pantalones de campana. La primera conversación fue sobre su ídolo de juventud, Bonaventura Durruti, y el grupo anarquista "Los Solidarios", que según Antonio se creó como respuesta a las injusticias sociales, la pobreza y la desesperación de la clase obrera trabajadora de los barrios populares de Barcelona. Los hijos de los ricos no iban a la guerra, pero los de clase trabajadora iban porque no podían pagar la cuota para librarse, y los ponían en la primera línea de fuego, decía Antonio.

Nuestra amistad fue creciendo cada día, hasta que se convirtió en un miembro más de nuestra familia. Cuando cumplí los 18 años, entré a formar parte del *Amical de Mauthausen y otros campos de todas las víctimas del nazismo* de España. Me dieron un carnet de socio con el número: 655. Antoni Roig dedicó su vida a la memoria de los deportados del campo de Mauthausen y de los campos nazis. Fue un superviviente de los campos nazis y de la vida. Fue el Secretario de Organización de la asociación del Amical de Mauthausen desde el año 1995 hasta el año 2002. Le sucedió en el cargo Enrique Marco Batlle y, después de la debacle Marco, ocupó la Presidencia Jaime Álvarez Navarro (quien falleció al poco tiempo) y le sucedió Rosa

Torán Bellver. A la historiadora manresana no la conocía nadie en el memorial. Enric Marco inventó que había sido deportado y superviviente de Flossenbürg y de la prisión de Kiel en Alemania. Su supuesto registro 6448 en el campo de Flossenbürg no era el suyo. Usurpó la identidad del deportado Enric Moner Castells, que sí pasó por el campo de Flossenbürg. Resulta cuanto menos una triste paradoja que hoy Antoni Roig no tenga ni el reconocimiento como víctima de una Stolpersteine en Barcelona, y en cambio a Enrique Marco hasta le han hecho una película...

Con el señor Roig, y desde el primer día, nos dedicamos a contactar con los supervivientes y a intentar recuperar sus testimonios y sus vivencias. De muchos lo logramos, de los demás no, porque aún entonces se negaban a hablar de la deportación que habían vivido. Empezamos por España y continuamos por Francia. Conseguimos poner en marcha nuestro archivo. Antonio sufrió una grave enfermedad, el cáncer le generó metástasis y murió en la *Clínica Barceloneta* el 26 de junio 2004. Me pidió continuar con su legado con estas palabras:

-Nunca olvides todo lo que te he contado y todo lo que has aprendido, sigue tú con todo esto para que no se pierda nuestra voz. No voy a ser eterno. Recuerdos a tu madre. -Y me dio la mano, sentado en la cama, con la mirada muy triste.

Antoni Roig ha sido mi espejo, mi modelo y mi ejemplo en la vida. Era una persona honesta, con carácter, sincera y sencillamente irrepetible. No era un héroe, era un superviviente de un campo de exterminio nazi. El objetivo de este libro no es otro que poner su figura en el lugar que le corresponde de la memoria colectiva. Con su muerte perdimos a un amigo y a un compañero muy querido, pero que nos dejó su afecto y su memoria como legado. Con él reímos y lloramos, y conocimos lo mejor, y también lo peor, de los seres humanos. Espero y deseo poder cumplir la promesa que le hice antes de morir.

Días después de su muerte, recibí una llamada a mi casa y me citaron en el Clot (Calle València número 655), junto al *Bar Simurg*, donde nosotros nos encontrábamos para charlar todos los sábados, domingos y todos los días de la semana que podíamos. Su archivo y objetos personales me fueron entregados por Marina (tutora legal de Antoni Roig y vecina del edificio de Navas donde vivía con su mujer y su hija), y Lluís Reverter Zaragoza (hijo de deportado fallecido en el campo de Gusen), amigo de Antonio Roig.

Que la voz de su testimonio y la fuerza de su sonrisa no se olviden nunca.

¡Salud!

Miguel Ángel Cuello Márquez,
Badalona, 10 de octubre de 2025

1. Contexto histórico y orígenes familiares en Barcelona

Documento de nacimiento de Antonio Roig Llivi. Sábado, 25 de enero, 1919. Partida en el Registro Civil Hosp. Inscrito en el folio del libro con el nº 114. Padres: Ramon-Antonia/Abuelos paternos: Gabriel-Enriqueta/Abuelos maternos: Juan-Teresa.

Antonio de Pádua Roig Llivi[10], nació el 25 de enero de 1919, en el barrio del Raval de Barcelona, el antiguo distrito 5º, con residencia familiar en la Plaza del Pedró número 3, piso 3º puerta 2ª. Hijo de Ramón Roig Casas y de Antonia Llivi Termens. Ramón era jornalero de 43 años de edad y su madre, que tenía 37 años, era

10   Según el certificado de nacimiento del Registro Civil de Barcelona. 25-01-1919.

21

Plaza del Pedró en el barrio del Raval de Barcelona. 1914.

dependienta y costurera. Sus abuelos paternos eran Gabriel Roig y Enriqueta Casas; y sus abuelos maternos, Juan Llivi y Teresa Termens, una familia obrera del barrio del Raval. Sus padres Ramón y Antonia tuvieron dos hijos[11] el primogénito, Antonio, y 31 meses más tarde en 1921 nació su segundo hijo, Vicente.

Sus abuelos paternos Gabriel Roig y Enriqueta Casas, tenían una empresa familiar de tapones de corcho y productos similares que funcionó entre finales del siglo XIX y principios del XX. La familia Roig era originaria de Sant Feliu de Llobregat y antes del nacimiento de su hijo Ramón ya se habían establecido en el número 66 de la calle Manso, en el barrio de Sant Antoni de Barcelona. Tuvieron tres hijos, Amadeu Roig (Sant Feliu de Llobregat, 1872-desconocida), Ramón Roig (Barcelona, 1876-1934) y Enriqueta Roig (Barcelona, 1880-1905), que murió soltera con 25 años.

---

11 Sus padres se casaron en Barcelona el 11-09-1902, y Antonia Llivi tuvo tres embarazos anteriores que no progresaron.

Fotografía familiar de Ramón Roig y Antonia Llivi con sus dos hijos, Antonio (izquerda) y Vicente (derecha). Acompañados de Teresa Termens (segunda a la derecha) y Enriqueta Casas (tercera a la derecha), las abuelas materna y paterna respectivamente, en el parque del Tibidabo de Barcelona, el día del cumpleaños de Antonio, el 25-01-1923.

Sus abuelos maternos, Juan Llivi (Barcelona, 1859) y Teresa Termens Idrach (Sant Climent de Llobregat, 1860 – Barcelona, 04-02-1938), contraen matrimonio en Barcelona el 10-04-1879[12]. Juan Llivi tenía una carnicería en la calle Baluarte número 26B de la Barceloneta[13]. Su hija Antonia Llivi (Barcelona, 21-03-1882) nació en la calle San Rafael número 25 del barrio del Raval de Barcelona.

Su padre Ramón Roig Casas (Barcelona, 02-04-1876 - 14-12-1934)[14], nació en la calle de la Cera, número 12. Era hijo de Ga-

12 Registro del Juzgado del Pino, Folio: 1261 del año 1879.

13 Según consta en el Anuario Riera núm 3, 1896; Guía práctica de industria y comercio (Consell de Cent, 230, Barcelona); y La Dinastía, Barcelona, 20-10-1896.

14 Nacimiento registrado en el Juzgado PINO, núm. 589 el 04-04-1876. Inscrito con los nombres: Ramón, Enrique y Gabriel. Registro núm. 1751, 1876, libro 2. Defunción registrada en el Indice de defunciones del Ayuntamiento de Barcelona 1932-1935. Archivo Histórico de Barcelona (AHB).

briel Roig, tintorero de profesión, y de Enriqueta Casas. Siendo sus abuelos paternos Juan y Josefa Costa de Barcelona; y sus abuelos maternos, Ramón e Isabel Ugé de Barcelona. Siendo joven ya trabajaba en los negocios familiares, y fue navegante de transatlánticos que hacían la ruta de Barcelona a Cuba y Filipinas, en los que trabajó de cocinero. También trabajó en los ferrocarriles de Sarrià, Terrassa y Sabadell durante catorce años, entre 1920 y 1934. Ramón Roig falleció en 1934, víctima de una angina de pecho, a los 58 años de edad.

Antonio Roig explicaba los recuerdos de sus orígenes familiares de esta forma[15]:

> Yo soy de clase trabajadora, mi abuelo era del matadero de Barcelona y tenían una parada de carne en la Boquería. Mi abuela también era carnicera y mi madre también lo fue. Mi padre venía de clase burguesa, tenían una "bacallaneria" allí y también en Gracia, y se enamoró de mi madre. Pero el suegro no le quería... Además, [mis padres] se casaron jóvenes, los tres primeros hijos que tuvieron murieron y después ya vine yo, el 25 de enero de 1919, y al cabo de 31 meses nació mi hermano. Mi abuelo había fallecido antes de la Primera Guerra Mundial. A mi padre le desheredaron, y tuvo que luchar mucho para llevar la casa adelante... Éramos trabajadores porque no había posibilidad de hacer otra cosa.
>
> Mi padre se había puesto de cocinero en un barco que hacía la travesía [de Barcelona] a Cuba y Filipinas, pero cuando nací yo ya no quiso navegar más. Se quedó aquí en Barcelona, y entró a trabajar en el ferrocarril de Sarrià, y de allí hizo la ruta de la Plaza Cataluña a Terrassa y Sabadell. Todo ese tiempo fue tirando.

En el contexto europeo, cuando nació Roig hacía un año que había acabado la Primera Guerra Mundial (1914-1918), y el período de bonanza económica que se había instaurado a raíz de la neutralidad

---

15 Martínez Fernández, E.M. Entrevista a A. Roig, Barcelona, 28-11-1998.

española durante la Gran Guerra llegó bruscamente a su fin. En consecuencia se produjo una fuerte inflación en los precios y un aumento del coste de la vida, que causó un gran malestar entre la clase obrera. Acompañado además por el cierre de fábricas, el aumento del paro y la bajada de los salarios. Se trata de una época social y políticamente muy convulsa, donde se manifiesta una gran movilización obrera en lucha por la mejora de las condiciones laborales.

Los años veinte en Cataluña eran tiempos de lucha obrera y sindical, entre febrero y marzo de 1919 había tenido lugar la huelga de *La Canadiense*, en Barcelona, en la que tuvo un protagonismo esencial la participación activa de la Confederación Nacional del Trabajo (CNT). A consecuencia del éxito de estas movilizaciones, se implantó en España por primera vez en toda su historia la jornada laboral de ocho horas y cuarenta horas semanales. Barcelona vivió una movilización obrera y un movimiento de solidaridad sin precedentes, y el anarcosindicalismo se implantó de forma generalizada en el área metropolitana de la capital catalana. Al mismo tiempo, el pistolerismo hacía estragos, entre 1918 y 1923 se produjeron 424 asesinatos, principalmente de obreros en manos de los llamados "Sindicatos Libres", formados por mercenarios de la patronal encargados de sembrar el terror.

En el estado español se celebraron elecciones generales en 1920 y el conservador Eduardo Dato ocupaba la Presidencia del Consejo de Ministros y la Presidencia del Gobierno en Madrid[16].

---

16 Eduardo Dato e Iradier, Presidente del gobierno español y miembro del Partido Liberal Conservador, murió por atentado en la plaza de la Independencia de Madrid el 08-03-1921.

Ramón Roig Casas con sus hijos, Antonio (izquierda)
y Vicente (derecha). 1924.

2. Primeros años de formación

En esta época había escasez de productos básicos y el alimento infantil más habitual era la leche de vaca. Mientras que las familias de clase trabajadora se alimentaban a base de sopas de ajo. Antonio Roig vivió toda su infancia en la Plaza del Pedró con sus padres y su abuela materna, Teresa Termens. El piso tenía varias habitaciones y, con el objetivo de solucionar los problemas económicos, alquilaron una habitación a una persona del entorno familiar[17]. Su madre trabajaba en una parada de venta de carne en el Mercado de la Boquería y también era modista. Como su madre no podía con tanto trabajo, se hizo cargo de la parada del mercado su abuela Teresa Termens que la llevó hasta finales de los años veinte.

Aconteció que el 15 de marzo de 1908 colocaron una bomba justo debajo de la tarima de la parada de carne de Teresa Termens en el Mercado de la Boquería. En el atentado murió una persona y hubo heridos de diversa consideración. La explosión destrozó la parada del mercado, dejando un hoyo de palmo y medio de profundidad, pero su abuela salió ilesa[18].

En el contexto de la época, el hecho causante principal de la colocación de bombas en Barcelona era el envío forzoso de los jóvenes de clase trabajadora a la Guerra de África. Acciones que eran consideradas actos

---

17 Su tío paterno, Amadeu Roig Casas (Sant Feliu de Llobregat, 13-06-1872 – desconocida), que se estableció definitivamente en Barcelona a partir de 1924.

18 La noticia salió en prensa: *Diario La Publicidad*, lunes 16-03-1908, núm. 10900, pp. 1-2; *Diario de Tarragona*, martes, 17-03-1908, núm. 1541. Según se informa, la bomba fue colocada por un individuo de posible nacionalidad francesa, que fue detenido y liberado sin cargos (ver transcripción de la noticia en Anexos).

delictivos de terrorismo de Estado, y se culpabilizaba directamente a los anarquistas, aunque en realidad se trataba de una protesta colectiva.

Tras el atentado, y después de los hechos de la Semana Trágica de 1909, su abuela hizo una donación importante a la iglesia de San Lázaro de la Plaza del Pedró de dos esculturas, una de San Antonio de Padua y otra de Santa Madrona.

En aquel entonces, los niños iban a la escuela entre los cuatro y los cinco años ya que las guarderías no existían. En la esquina de la Plaza del Pedró con la calle del Carmen, estaba la Escuela del Pedró, un centro particular donde Antonio y su hermano Vicente cursaron el parvulario durante un tiempo.

De sus primeros años encontramos que la prensa del momento se hizo eco de la noticia[19] de un aparatoso accidente que sufrió Antonio Roig cuando contaba tan solo 9 años de edad, junto a su madre, que entonces tenía 45 años. El suceso tuvo lugar el lunes 18 de julio de 1927. Ambos se encontraban en un autobús del servicio público de la línea *Gracia-Barceloneta,* cuando este chocó con un carro de industria en su paso por el número 14 de la calle de Junqueras. A consecuencia del cual los dos fueron trasladados a la Casa del Socorro de la Ronda de San Pedro para ser tratados por las contusiones y heridas en ambas piernas que habían sufrido.

Parece ser que su admisión en la *Escuela Parroquial de los Hermanos Cristianos,* tuvo que ver con el hecho de la donación de las esculturas por parte de su abuela. El propio Antonio Roig explica los recuerdos de los años de su primera formación, el sistema pedagógico que se impartía en las escuelas de la Barcelona de los años veinte y cómo fue progresando en sus estudios[20]:

19   En el Diario *La Vanguardia,* 19/07/1927, p. 9; el Diario *El Diluvio*, 19/07/1917, p. 13; y el Diario *La Publicitat*, 19/07/1927, núm. 16639.

20   Martínez Fernández, E.M. Entrevista a A. Roig, Barcelona, 28-11-1998; y Cuello, M.A. y España, F. Entrevista a A. Roig en la Universidad Ramón Llull de Barcelona, 23-09-2002.

Hacia el año 1927 arreglaron la iglesia del Carmen y allí pusieron una escuela, los Hermanos de las Escuelas Cristianas. Allí hice los estudios hasta que llegó la República en el año 31. Nosotros éramos criaturas, yo tenía 7 años, vimos que la familia estaba contenta y nosotros también, no sé si me entiendes. Además en esa época, al principio de la Segunda República, había un 75% de analfabetismo, y los trabajadores sólo podían acudir a escuelas de monjas y curas. [La escuela costaba] un duro cada mes, y eso no podía pagarlo todo el mundo. En Barcelona había mucha más facilidad que en un pueblo, donde había una chica que había aprendido a leer y a escribir, y daba clases. Pero no había una separación por cursos como en las escuelas de hoy. El respeto a los padres, curas, respetar la doctrina y hacer la comunión. Con un libro estaba todo comprendido: el descubrimiento de América, que España era una Monarquía… y todas esas cosas.

Aquella escuela tenía tres clases: una para los más pequeños, los medianitos y los grandes. Cuando llegabas a los grandes llevabas 10 ó 15 libros: Aritmética, Historia, Gramática… Entré a los 7 años y me pusieron en la clase del medio. Los dos hermanos íbamos a la misma clase,… El sistema educativo de aquella época era muy eficiente. Cada día tenías tres asignaturas y predominaba la doctrina, pero había Geometría, Geografía e Historia,… Igual en el verano. Tenías unos exámenes a finales de año, te enseñaban dibujo lineal, planos y música. Te proporcionaban cultura básica, una formación distinta a la que existe hoy.

Yo hice todos estos cursos y tuve toda esa cultura. Entonces, mi padre se preocupaba mucho porque te daban un boletín cada semana, y papá tenía que firmar las notas que te ponían. Y no creas que te perdonaban mucho, porque ya te apretaban.

A los 13 años ya decidí que teníamos derecho a fumar, que teníamos derecho ya a existir y cogimos una libertad que antes no teníamos… y llevamos la revolución dentro de la clase.

Falté a la escuela cuando tuve la tuberculosis, mi madre me llevaba al Dr. Ferran y me pusieron sesenta inyecciones hasta superarla, faltaba a clase los lunes de las inyecciones y al día siguiente porque

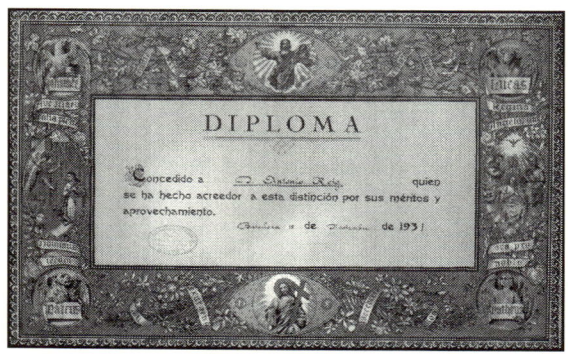

Diploma de Estudios de Antonio Roig Llivi de los Hermanos de las Escuelas Cristianas de la Calle Laguarda de Barcelona. 15-11-1931 (Archivo A. Roig).

tenía fiebre. Mi hermano también asistió al doctor. Las inyecciones eran de penicilina, un suero que sacaba de unas caballerizas muy importantes y eran muy eficaces. Continué con mis estudios. Los médicos aconsejaron a mi madre que marchase de Barcelona que era más húmeda y fui a pasar una temporada con mi padrino materno que vivía en Teià. También tuve un tío en la población que se encargaba de la finca de los Godó. Después, fui a Sant Climent de Llobregat. Fue cosa de un año, continué con mis estudios y pude acabarlos cambiando de clase. Se inauguró la Exposición Internacional de Barcelona de 1929, y hubo una gran concentración de chavales de las escuelas salesianas[21]. Yo cambié a la primera clase y el método era un poco más complejo; se hacían dos exámenes al año y uno final antes del verano. Entre 1929 y 1930 gané el premio de la doctrina cristiana por aprender todo el libro. Me abrieron una cartilla con 25 pesetas que solo podía sacar mi madre. Cuando volví en 1948, todavía existía. Quedaban tres pesetas.

Antonio Roig, estudió en la Escuela Parroquial de San Joaquín, en la calle Laguarda, una institución parroquial católica dirigida por los Hermanos de las Escuelas Cristianas de Barcelona. El 15 de noviembre de 1931 recibió el primer diploma que acredita sus méritos académicos.

21 La Exposición Internacional de Barcelona se inauguró el 19-05-1929 y fue clausurada el 15-01-1930.

3. Las vivencias durante la Segunda República

La proclamación de la República en España, que tuvo lugar el 14 de abril de 1931, supuso el inicio de una etapa llena de optimismo y esperanza, que los jóvenes rebeldes como Antonio Roig vivieron con intensidad, participando plenamente en los movimientos sociales. Fueron los años en que estudia caligrafía, contabilidad y radio. Y también se busca la vida como puede, entrando a trabajar en uno de los primeros negocios de venta de radios de Barcelona. Roig explica los hechos más trascendentes de esos años que causaron un impacto en su vida[22]:

> En los años treinta llegó la República. Teníamos entre doce y trece años. Significó una libertad que no teníamos. Con un compañero de clase iba a jugar al fútbol y a las fiestas. En 1932 tuve la idea de fumar. Con la propina que nos daba la mama, compraba por 35 céntimos aquellos paquetes canarios de 18 cigarros, y por lo visto se enteraron los *curas* porque nos reuníamos alrededor de la iglesia a fumar. Ya no éramos los mismos de siempre y no aceptábamos las ideas de la doctrina. Ya nos habíamos emancipado[23]. Teníamos casi trece años y ya nos tachaban de Rojos, antes de la guerra.

---

22 Ibídem, Cuello, M.A. (23-09-2002).

23 Antonio Roig empezó a fumar cigarros canarios a los 13 años con sus compañeros de estudios, en la parte posterior de la iglesia, por rebeldía contra la doctrina cristiana impuesta y como símbolo de su propia emancipación.

En el año 1932 y 1933 íbamos a los locales d'*Esquerra Republicana*, influenciados por mi tío[24], que dormía en mi casa, me llevaban al centro d'*Esquerra* de la Calle Hospital, cerca del [Ateneo] Faros (que hoy en día ya no existe)... allí oías hablar de ciertas cosas, no para tomar decisiones, aunque ibas y podías participar. Todavía no había cumplido los trece años cuando hicimos una exposición con todos los trabajos que habíamos hecho antes de Navidad, pero me dí cuenta que habían cambiado de nombre, y se lo dije a mis padres. Entonces abandoné la escuela y empecé la *Academia Práctica, que* estaba en la Calle Fontanella, al lado del edificio de la Telefónica. Allí estudié durante un año, cerca de dos y me repercutió en el conocimiento, pues aprendí a escribir a máquina, mejoré la caligrafía y estudié contabilidad. El objetivo era conseguir un trabajo meritorio. "Meritorios" eran aquellos que estaban preparados para trabajar en un banco, o en una oficina como aprendiz... Pero tuve que buscar trabajo en 1933, con trece años y medio.

Por otra parte, se producían una serie de acontecimientos durante la Segunda República que nos influenciaban mucho, hablábamos entre compañeros y el catalanismo era muy marcado.

En el año 1932, hubo el incendio de *El Siglo*, uno de los grandes almacenes de Barcelona, que llevó a un grave problema, porque allí trabajaba mucha gente. Estaba situado en la Rambla de Los Estudios [La Rambla]. También el alzamiento militar del General Sanjurjo del 10 de agosto 1932, el primer golpe de Estado contra la Segunda República Española. Después vino la muerte de Francesc Macià i Llussà, el 25 de diciembre de 1933.

Empecé a trabajar en una oficina que vendía material eléctrico italiano y alemán. La empresa la dirigían dos italianos. Un compañero a quien le gustaba como trabajaba, estaba afiliado al CADCI, y con catorce años entré a formar parte del CADCI (Centre Autonomista de Dependents del Comerç i de la In-

---

24 Su tío paterno, Amadeu Roig Casas, participó en la organización de *Esquerra Republicana*, partido que se fundó en Barcelona el mes de marzo de 1931.

dustria), una asociación catalanista situada en la Rambla Santa Mónica, 28. Nosotros teníamos interés por la República porque veíamos que nuestros padres no habían tenido oportunidades y estaban interesados en que nosotros las tuviéramos.

Por otra parte, en el Parlamento español se produjeron disputas, con Calvo Sotelo y compañía. Posteriormente, llegaron las huelgas de la construcción y del comercio. El CADCI fue uno de los más indicados para defendernos, así como la CNT, interesada en defender al conjunto de los trabajadores. La de la construcción duró cerca de más de medio año, y para ayudar a las familias que no cobraban nada se entregaban de 10 a 25 céntimos en solidaridad con los que estaban en huelga... Habíamos logrado transformar la situación, llegó entonces 1934 con la huelga de los mineros de Asturias que marcó por la sencilla razón que nosotros queríamos defender a aquellos trabajadores, que fueron represaliados por los mismos que se decían republicanos o que tenían ideas avanzadas. Repercutió aquí, todo el mundo luchaba por la defensa de su posición, luchaban por un mundo mejor, todos los que estaban gobernando eran de derechas, enviaron al ejército y a la Guardia Civil en el período del *Bienio Negro*. En 1934 mandaba la CEDA de José María Gil Robles. El sentido de nuestro republicanismo era la defensa de los trabajadores, siempre estaban las dos posiciones, las dos clases sociales. Trabajabas y tenías un sueldo base de miseria, en casa mi madre tenía que trabajar, mi padre trabajando en dos empleos tenía un sueldo de 7,50 pesetas cada día, que no llegaba para mantener a una familia de cinco personas... Verdaderamente, esta era la situación real. Él estaba obligado a hacer un trabajo extra para pagar los gastos... para mantener a la familia, y tu no podías hacer ningún tipo de estudios porque no te lo podías pagar. Todo esto influenciaba en las personas y en la gente joven. Mis compañeros aprendían en una imprenta u otros lugares, nosotros ya teníamos el espíritu de lucha para obtener mejoras.

Por parte d'*Esquerra Republicana de Catalunya*, defendían la postura del Presidente Lluís Companys, el republicanismo de los partidos de izquierda te marcaba. Una tarde, declaró el Estado Catalán dentro de la República Federal Española [6 de octubre de 1934]. Vino un barco y bombardeó Barcelona. Hubo destrozos muy importantes. Enviaron a la Guardia Civil para sofocar la situación y nadie estaba preparado para hacer la guerra allí porque creíamos que todo tenía que ganarse pacíficamente. Se produjeron detenciones, los detenidos y todo el mundo se vieron obligados a huir como podían, incluso por las alcantarillas de Barcelona. Se produjeron enfrentamientos con los hermanos Badía y con [Josep] Dencàs, y [a los Badía] los mataron en un enfrentamiento[25]. Había Dencás y Badia y a cada uno de ellos se les vinculaba con la Falange Española y con Benito Mussolini. Jamás se ha esclarecido, porque todo pasaba entre "bastidores". Los historiadores no han vivido el período y cuando se vivió, pasó de largo. Lo mismo pasó con Durruti, no se podía culpar a nadie [de su muerte] porque no se sabía.

Además en 1934, murió mi padre, mi madre me decía que no me metiera en nada, y a mi padre le hubiese gustado que hubiera sido así... Yo trabajaba en otra casa, que me dio la oportunidad de estudiar radio y de obtener conocimientos e ir a trabajar a la empresa del director del diario *El día Gràfic. E*n la casa de su hijo puso un pequeño despacho donde vendía aparatos de radio a plazos. Era el único lugar que lo hacía y todo el mundo quería tener un aparato de radio. Se pagaban diez reales por semana, todo el mundo quería escuchar al locutor ventrílocuo Emilio Torecchi, que pedía por todas las casas de Barcelona para ayudar a los huérfanos de la Casa de la Caridad. Fue célebre, empezó en la parte alta del Hotel Colón donde estaba el Banco Banesto y pasaba por la calle Caspe. En esta época había *Radio Barcelona* y *Radio Asociación*, que estaba situada en las Ramblas. Las conocía porque en aquel momento trabajaba en la radio y tuve que ir muchas veces a llevar discos a *Radio Barcelona*.

---

25   Se refiere a los hermanos José y Miguel Badía, que les mataron el 28 de abril de 1936.

Empezamos en la Calle Provença y nos trasladamos a la Ronda de Sant Pere. Era un empleado más. Vendían material pero de la noche a la mañana desaparecieron. Era un piso, no era una tienda, y ponían anuncios, allí descubrí el "modus vivendi". En aquella época el correo de la ciudad de Barcelona llevaba dos sellos: el de Correos y el de la Exposición. Se pagaba una tasa de cinco céntimos a favor de la Exposición de Barcelona. Solo en Barcelona repartía 20 ó 30 cartas, y así ganaba un poco más. Salía [del trabajo] a las siete. Fui a la otra empresa para cobrar los diez duros que me debían y habían desaparecido sin previo aviso. Parece que eran espías, iban a Madrid, Alemania, Italia y también había rusos que hablaban español, y desaparecieron. Trabajar en la radio te daba derecho a poner anuncios a diez reales por radio (de dos o tres lámparas). Aquí en Barcelona tenía una dificultad, había diversos tipos de corriente, de 110 y 115, que eran continuas; y de 125 que era alterna. La de 220 era para las fábricas. Si ibas al Raval tenías 150 y en el Ensanche 125. Venía mucha gente a comprar pero en cada aparato tenías que poner unas antenas y saber vender el producto, porque la gente venía por un anuncio, para información de lo que se trataba. Tenías la oportunidad de vender aquel artículo y el vendedor te daba una propina, una prima en relación a las ventas. En aquella época el precio de un aparato de radio era de 299 pesetas. Pagaban diez reales a la semana [de salario] y te daban un 1% del importe [de las ventas]. Las personas no faltaban a los pagos [a plazos], teniendo en cuenta que tenías tres o cuatro cada día y hasta diez aparatos de radio. Cobrabas y tenías un doble sueldo. Después iba por las barriadas a instalar antenas en los tejados de las casas para que las radios funcionaran. Entre 1934 y 1935 llegaron ya los aparatos de radio americanos. Habían salido radios más pequeñas (de cinco lámparas) más baratas. La *Casa Brunet* puso un barco y las traían a precio de venta de 125 pesetas. Si la venta era al contado ganabas más dinero, alrededor del 3%. El salario era para casa y el resto era para nosotros. Estudié en los ratos libres y en 1934 la cosa cambió.

En 1934 el Bienio Negro y en 1936 las elecciones del Frente Popular. Había hombres en Guinea y votamos para que volvieran a casa. En febrero de 1936 el Frente Popular ganó las elecciones y eso cayó como una bomba en España. La Falange Española aglutinaba a los hijos de los ricos, que ya presumían de camisa azul y de fuerza militar. A los desfiles solo iban los hijos de estos "predilectos". Los trabajadores no iban a estos desfiles.

4. Participación en la Guerra Civil española

Desde el compromiso ideológico y la fuerza del anarcosindicalismo, Antonio Roig luchó junto a los compañeros de CNT. Explica cómo vivió la sublevación militar en Barcelona y el devenir de los acontecimientos con estas palabras[26]:

> La sublevación militar nadie se la esperaba, el ejército no quería doblegarse y siempre ha sido una fuerza muy importante. Había capitalistas que no querían recibir órdenes de personas que no eran de su rango. Ciertas personas lo esperaban, pero de una forma seria no. Creo que hubo preparación previa oculta por parte de aquellos militares de las capitanías. El capitán general era republicano y pensaron que podían controlar las capitanías, que se sublevaron antes de tiempo.

> Mola, Sanjurjo y Gomá se reunieron varias veces para preparar la sublevación. El ascenso del fascismo en Europa, ya desde 1933 y hasta 1938, predominó tanto en toda la parte capitalista industrial mediterránea como en la parte del Norte. La República [en España] controló Valencia, Cataluña y Madrid. En Andalucía tuvieron muchos problemas pero había una gran fuerza sindicalista. La Confederación Nacional del Trabajo (CNT), la Federación Anarquista Ibérica (FAI), los socialistas y los comunistas. Culturalmente, la gente que luchaba contra la sublevación no estaba prepara-

---

26   Ibídem, Cuello, M.A. (23-09-2002).

da [para la guerra], después del Bienio Negro que acaba en 1936, tuvieron que reorganizar todo lo que se había hecho. Había una gran mayoría de la CNT y una Guardia de Asalto que defendía la *Generalitat*. *Los* Guardias Civiles detenían a la gente que venía. Se luchó en Atarazanas, Capitanía y Gobernación. Hasta en las iglesias, porque los curas organizaron grupos para disparar, y pasó. La Guardia Civil estaba del lado de los sublevados… y cuando bajaron del Bruc les pararon enseguida, más abajo estaba la Guardia de Asalto. No había muchos, y el General Goded fracasó en su capitanía. La CNT ayudó mucho, con Durruti, Ascaso y Pestaña. En las Atarazanas las fuerzas de Ascaso no dominaron hasta el día siguiente. La Guardia Civil paró a las fuerzas en Plaza Cataluña. En el Raval hubo mucha confusión, odio contra los curas porque se acordaban de la *Ley de Fugas* y del *Pacto del Hambre*. Si no ibas a misa no trabajabas, y la CNT actuó. Y pasó lo que pasó. El 19 y 20 de julio y una vez se hubo sofocado la sublevación, todos aquellos jóvenes que salieron de los cuarteles dijeron que no querían al ejército, influenciados por las organizaciones sindicales. Miaja, mantuvo Madrid, muchos de Capitanía General habían cambiado para prepararse y dominaron media España. Fracasaron en la parte donde se instauraron conventos. Cuando consiguen desembarcar a los moros hubo persecuciones y los sindicalistas no tenían armas. Se produjeron los hechos de Extremadura cuando metieron a todo el mundo en la plaza de toros con el objetivo de fusilarlos. Y lo que quedó a huir… El Alcázar de Toledo que no supimos tomarlo ni mantenerlo, no había consciencia de que lo que se estaba fraguando era una guerra. Creyeron que se trataba de una sublevación, pensaron que pegando cuatro tiros se acabaría, como pasó con Sanjurjo. Se había implantado el capitalismo de March y la iglesia en el contexto internacional. Y no se podían permitir el fracaso eclesiástico, tenía que predominar la iglesia. Dominaron Galicia y Castilla y las tropas moras les ayudaron mucho en Andalucía, forzando a las fuerzas republicanas a la retirada.

¿Quién quería la guerra? La guerra la querían las dos potencias [Italia y Alemania] para dominar el mundo y probar la industria de guerra alemana. Para ellos, era una oportunidad, por eso ofrecieron armas y material bélico: tanques, aviación bimotor y militares que mandaron cazas desconocidos aquí. Les convenía para el día de mañana y lo hicieron. Caímos porque no estábamos preparados, los políticos se enfrentaban, y al propio Durruti de la CNT le dieron un tiro por la espalda. En Madrid todo el mundo quería tomar el poder, y le mataron en Madrid. Eran trabajadores de fábrica en su mayoría, obreros que no tuvieron la oportunidad de asistir a la universidad, eran luchadores natos. Entre 1936 y 1937 se organizó una industria de guerra [en Europa] con el objetivo de constituir un ejército para una guerra, para la que nadie estaba preparado, como pasó en la nuestra. En 1938, León Blum se convirtió en jefe de Gobierno en Francia. Un gobierno socialista de izquierdas con influencia de los sectores conservadores, próximos a la extrema derecha y con una fuerte influencia social en el conjunto del territorio francés.

En relación a su incorporación en las milicias, Roig recordaba cómo en 1938 con apenas 17 años es llamado a filas siendo incorporado, gracias a sus conocimientos de radio, al *Cuerpo de Transmisores del Ejército Republicano*[27]:

En los primeros días de la guerra, mi hermano fue voluntario a las milicias, ya en 1937 fue al *Cuerpo de Carabineros*, estuvo en la batalla del Ebro y del Segre, fue a Camposines y le hirieron. Y yo me incorporé cuando llamaron a la quinta del 40[28], en mayo de 1938 y como tenía conocimientos de radio y estudios, me enviaron a Villarreal (Castellón) donde estaba la Escuela de Transmisiones del Ejército Republicano, la única que había en España.

Franco ya estaba en Tortosa y existía el peligro de que Cataluña quedara aislada. Y a los pocos días de estar en Villarreal hicieron una lista para mandar personal hacia Cataluña. Hicimos la revolución allí dentro con los mandos, pues nos intercambia-

---

27   De la entrevista a Antoni Roig de Martínez Fernández, E.M., Barcelona, 28-11-1998.

28   La *quinta del 40* son los jóvenes, pertenecientes a la conocida como la *Quinta del Biberón*, nacidos en 1919, que con 17 y 18 años son llamados a su incorporación al frente como soldados de guerra a partir del 21 de febrero de 1938.

mos con el personal del resto de España que habían destinado a Cataluña. Y así los catalanes pudimos regresar a Cataluña y ellos se quedaron cerca de sus provincias. La juventud siempre tiene ideas para solucionar problemas.

Volví a Barcelona, y me mandaron a La Garriga. A 4 km. de La Garriga hay un Castillo que es muy bonito, y allí montaron la *Escuela de Transmisiones del Ejército Popular*, aquí en Cataluña. En el ejército siempre estuve trabajando en radio, y pasamos la frontera el 9 de febrero de 1939 (creo que era). Abrieron la frontera de Puigcerdà y pasamos antes de la llegada de las tropas de Franco, que pasaron a las 5 de la tarde.

Respecto al compromiso de su familia durante la guerra, constatar que desde 1936 y desde la retaguardia su madre Antonia Llivi, que trabajaba entonces como modista, consta que formó parte de un grupo de mujeres voluntarias que mandaban ropa al frente republicano y entrega su aportación a los militantes del POUM, que entonces tenían oficina en la calle Pelayo número 62, 1º-1ª, de Barcelona[29].

Así pues, Roig se encontraba en Puigcerdà, realizando trabajos de reparación en las líneas telefónicas, cuando le llegó la noticia de la caída de Barcelona en manos de las tropas franquistas el 26 de enero de 1939, y explica la situación límite en la que se encontró la población en retirada con estas palabras[30]:

> Entonces, tan solo teníamos una opción: salir hacia Francia. Lo hicimos [las tropas del ejército replicaco] junto con la población civil que huía de las tropas de Franco formadas, sobretodo, por legionarios, magrebíes, italianos y alemanes con derecho al botín de guerra, es decir, con derecho a matar, robar y violar durante 24 horas. Obviamente, la gente estaba aterrorizada.

29 Diario *La Batalla*. 02-10-1936. Sección: "Socorro Rojo del POUM".
30 Revista *Fonoll (*2000). *Entrevista a Antoni Roig, secretari de l'Amical de Mauthausen*, p. 37.

5. Experiencias de exilio
y deportación

Antonio Roig, atravesó la frontera francesa por *Bourg-Madame* junto al grueso de combatientes de la *26ª División* (Ejército Popular de la República), entre el 9 y el 10 de febrero de 1939, instantes antes de la llegada de las tropas franquistas a la frontera. Formando parte del último gran grupo de exiliados. En la retirada se popularizó una canción compuesta a raíz de los acontecimientos, con el título de *Canción de Bourg-Madame*, que expresa los sentimientos compartidos[31]:

> *Españoles, salís de vuestra patria*
> *después de haber luchado contra la invasión*
> *caminando por tierras extranjeras*
> *mirando hacia la estrella de la liberación*
> *caminando por tierras extranjeras*
> *mirando hacia la estrella de la liberación.*
> *Camaradas caídos en la lucha*
> *que disteis vuestra sangre por la libertad*
> *os juramos volver a nuestra España*
> *para vengar la afrenta de la humanidad*
> *os juramos volver a nuestra España*

---

31   Recuperado de Pérez, R. (2015). *La 26ª División. Entre la retirada y el internamiento en el campo de concentración de Vernet D'Ariège.* Universidad de Zaragoza. *Cuadernos Republicanos,* núm. 88. Primavera-verano 2015.

para vengar la afrenta de la humanidad.
A ti Franco traidor vil asesino
de mujeres y niños del pueblo español
tú que abriste las puertas al fascismo
tendrás eternamente nuestra maldición.

Una vez atravesada la frontera les condujeron inmediatamente al campo de *Vernet d'Ariège,*, destinado a recluir a los refugiados españoles identificados como "*indésirables espagnols*" ("*indeseables españoles*")[32], considerados peligrosos y clasificados como tales por la administración francesa del momento. El valenciano Ricardo Sanz García, al mando de la 26ª División anarquista, fue víctima de un juicio farsa, sin ningún tipo de garantías, y recluido en el campo de *Vernet d'Àriege*[33]. Desde 1939 pasaron por sus instalaciones miles de combatientes anarquistas y republicanos españoles que habían llegado a Francia huyendo del franquismo. Roig explica la situación tan precaria en que se encontraron los republicanos españoles recién llegados a Francia[34]:

> Nosotros entramos [en Francia] en 1939 pero no había nada preparado para nuestra llegada, ni siquiera barracas, comida o ropa. Para los franceses éramos más bien un dolor de cabeza y no nos acogieron con los brazos abiertos sino que incluso nos miraban mal. Recuerdo un anécdota bastante explicativa que nos sucedió nada más entrar en Francia: a medida que nosotros íbamos avanzando se nos acercaban muchos chiquillos curiosos para descubrir si era verdad que los republicanos tenían cola, pues este era el rumor que corría.

---

32   Ver Pérez Rodríguez, J. (2022). *Los indeseables españoles. La gestión de los refugiados en Francia (1936-1945)*. Madrid: CEPC.

33   El campo de Vernet d'Àriège (1918-1944), situado en el pre-pirineo francés, se había construido para prisioneros alemanes durante la Primera Guerra Mundial y se convirtió en campo de concentración.

34   Ibídem. Revista *Fonoll*, p. 37.

Los franceses procuraron distribuir a la población civil española en casas de acogida, pisos viejos o entre familiares, pero, nosotros, los militares éramos muchos y optaron por mandarnos a campos de refugiados. Alrededor el mes de marzo llegué al campo de Vernet, el cual se había construido durante la primera Guerra Mundial para recluir a los prisioneros alemanes.

Ante la caótica situación y tras la masificación del campo de Vernet, las autoridades francesas decidieron descongestionar el campo central con la construcción de un nuevo campo llamado La *Briqueterie de Mazères* (Ariège), ubicado en una antigua fábrica de ladrillos. Conviviendo los presos en condiciones infrahumanas e insalubres desde el 9 de febrero de 1939, el campo de *Vernet d'Ariège* contaba con 5.000 refugiados, y en el campo de la *Briqueterie de Mazères* había 5.000 personas más. Las autoridades francesas les clasificaron como "fortes-tetes" (*"cabezas cuadradas"*) y extremistas.

Por otra parte, el campo de Gurs[35] era reservado especialmente para los miembros de las Brigadas Internacionales que combatieron en España en defensa de la legalidad republicana.

El campo de Vernet era un campo disciplinario y los anarquistas padecieron sus consecuencias directas. En principio contaba con 19 barracas, y dos meses más tarde ya tenía 50 barracones. En marzo de 1939 el *Prefet*[36] d'Ariège reconoce en una circular la presencia de 15.585 milicianos deportados en los campos de la *Briqueterie de Mazères* y el campo de Vernet d'Ariège. El campo ocupaba una superficie de 50 hectáreas y tenía capacidad para albergar a 30.000 personas.

35 El campo de Gurs (1939-1946), fue construido para acoger a los republicanos españoles y los brigadistas internacionales. A partir de 1940, tras el armisticio firmado por el gobierno de Vichy con la Alemania Nazi, fue empleado como campo de concentración. Fue el campo de más duración e importancia de Francia.

36 El Prefecto era la autoridad administrativa civil y militar de Francia durante la Segunda Guerra Mundial.

Campo de concentración de Septfonds. Musée Français de la Photographie "Histoires de Photographies" (Reproducción de un artículo de Isaac Kitrosser, hacia 1944, Inv-82.3993.228).

En el contexto internacional, el fascismo se encontraba en un momento de máxima expansión. El 12 de marzo de 1938 Hitler había invadido Austria y la anexiona a la Alemania nazi (*Anschluss*). El 15-16 de marzo de 1939 se produce la invasión alemana de Checoslovaquia y la anexión al *III Reich* de los Sudetes, en primer lugar, y de todo el territorio el 16 de marzo de 1939.

A partir del mes de abril de 1939 se crearon en Francia las primeras compañías de Trabajadores españoles y posteriormente se crearon las Compañías de Trabajadores Extranjeros (CTE), con el objetivo de vaciar el campo de Vernet. En este momento algunos refugiados emigraron a sud-América y muchos fueron trasladados a otros campos de concentración franceses.

El campo de la Briqueterie de Mazères se improvisó y se convirtió en anexo del campo de Vernet. Se estima que 12.000 anarcosindicalistas y lo que quedaba de la 26ª División pasaron por el campo de Vernet d'Àriege.

Estos campos no eran *"Centres d'Hebergement"* (Centros de Alojamiento), como reconocía la administración francesa. En realidad el campo de Vernet era un campo de represión administrativa llamado *"Camp d'internement répressif pour étrangers indésirables"* (Campo de internamiento represivo para extranjeros indeseables). Los guardias de este campo eran senegaleses, procedentes de la colonia francesa a las órdenes de la gendarmería de Francia, y trataban a los internos de una forma deplorable.

Antonio Roig pasó dos meses en Vernet y le trasladaron al campo de Septfonds (Barraca 23)[37], situado a cinco kilómetros de Caussade, donde pasó 11 meses, y consta registrado en fecha 1 de diciembre de 1939. De Septfonds logró salir el 1 de noviembre de 1940 tras alistarse en la 15ª Compañía de Trabajadores Extranjeros (CTE), siendo destinado inicialmente a Toul (Meurthe-et-Moselle), y posteriormente pasará a formar parte de la 24ª CTE.

Vale apuntar que el inicio de la Segunda Guerra Mundial (01-09-1939) y la posterior invasión de Francia (10-05-1940) implicó que el gobierno francés se replanteara el destino de los republicanos españoles, a los cuales se les exigió el retorno a España. Si querían quedarse en Francia, la alternativa era acogerse a una de estas opciones: o alistarse en el ejército francés o ingresar en las compañías de trabajo (CTE). Roig se acogió a ésta última opción y lo argumenta aportando datos esenciales de este momento histórico[38]:

> La opción de volver a España después de la victoria de Franco era suicida. Pero, a cambio de quedarnos en suelo francés nos exigieron cumplir con una de las condiciones propuestas: integrarnos en la legión francesa; alistarnos en el ejército francés i formar parte de las compañías de trabajo. Muchos republicanos ingresaron en el ejército y ayudaron al general De Gaulle a liberar la Francia ocupada. Otros, como yo mismo, entramos en las compañías de trabajo formadas cada una por grupos de

---

37 Según documento de registro del campo de Septfonds, 01-12-1939. Archives Départementales de Tarn-et-Garonne. Aportación de Carlos Hernández de Miguel.

38 Ibídem. Revista *Fonoll*, p. 38.

unos cien hombres y distribuidas por todo el estado. A nosotros nos mandaron a Alsacia y Lorena, región con un gran valor estratégico durante la guerra por su carácter fronterizo con Alemania... De hecho nuestra tarea era algo absurda porque con cuatro troncos no podíamos frenar al enemigo, pero estábamos tranquilos, no nos sentíamos en peligro y no teníamos que luchar.

El 11 de julio 1940 se disuelve la Tercera República y se proclama *l'État Française*. La 24ª CTE formaba parte del Grupo I del IV Ejército francés de la Sexta Región militar. Se formó entre marzo y abril de 1939, y empieza su actividad e instrucción militar en el campamento militar francés de Suippes. En la IV región militar operaban nueve compañías: 22, 23, 24, 25, 26, 30, 31, 32 y 33. La 24ª CTE fue enviada a Toul (Alsacia-Lorena) para la fortificación de la zona francesa de la Ligne Marinot, situada ante la línea Sigfrid alemana (*Siegfried-Linie*), una zona de gran vulnerabilidad.

En las cartas dirigidas a sus familiares, Roig informa que es un prisionero de guerra y que tiene buena salud. En la siguiente carta, les informa de la nueva dirección, y dice que no podrá volver a escribir antes de establecerse en el nuevo destino. Las CTE ya estaban completamente militarizadas y formaban parte del ejército francés. Y, una vez capturada la compañía, pasará a estar bajo control y dominio de las *Wehrmacht*[39] alemanas.

Según informan las autoridades militares francesas del Ministère de la Défense Nationale en la circular del 24 de octubre de 1939 ordena reforzar la 24ª Compañía de Trabajadores Españoles con 103 efectivos más. Y la enmarca en el IV Ejército francés en el campo de Suippes donde recibieron instrucción militar. La 24ª CTE de Septfonds constaba de dos grupos. El primero, de 1.050 hombres

---

39 *Wehrmacht* eran las fuerzas armadas de la Alemania nazi desde 1935 a 1945.

Tarjeta postal enviada desde la 24ª CTE a su madre Antonia Llivi, Plaza Pedró, 3, Barcelona. A la izquierda se observa el sello con la esvástica nazi y el número de control de correos 144.

destinado al campamento de Suippes (donde mandan a Roig); y el segundo de 250 hombres destinados en Bouy[40].

El 11 de enero de 1940, el Estado Mayor del IV Ejército, emite una orden de evacuación al interior de Francia de los trabajadores españoles considerados no aptos. Les envían la primera quincena de cada mes al campo de Argelés-Sur-Mer o a la estación de tren de Argelés-Sur-Mer. Como consecuencia de la reagrupación de trabajadores españoles, cuatro de ellos inician un viaje en tren desde la estación de Morhange, destino a Argelés-Sur-Mer. Al mando se encontraba el general Requin y un sargento del ejército francés.

El 24 de enero de 1940 el Capitán Marceaux informa que la 24ª CTE se encontraba en Mittersheim.

El 2 de febrero el ejército francés vuelve a informar que la 24 CTE se encuentra en la "Tuillerie de Morhange", una antigua fábrica de ladrillos para la construcción y el 3 de abril el General Requin informa que la compañía se encuentra en Sarralbe.

40   Según nota de la 6ª Región Militar, del 20 de octubre de 1939.

En marzo de 1940, el itinerario de la 24ª CTE pasó por Sept-fonds, Toul, Morhange y Frémestroff. Y el 3 de junio 1940 llegan a Châlons-et-Champagne, concretamente a la población Sainte-Menehould.

El 9 de abril de 1940, el Grupo I de Frémestroff estaba formado por 892 trabajadores y el Grupo II estaba formado por 909 efectivos destinados a Sarralbe. El 6 de junio de 1940, la 24ª CTE llegó a Givry-en-Argonne con un grupo de trabajadores españoles que formaban cinco compañías. En este momento la 24ª CTE dispone de una bicicleta, dos camiones, un coche turismo y una máquina de escribir.

En lo que respecta al recorrido del grupo II de la 24ª CTE, podemos constatar que el 19 de abril de 1940 la compañía estaba estacionada en Diffembach (Moselle). El 2 de marzo de 1940 el Capitán Marceaux informó que la II Compañía del Grupo II se encontraba estacionada detrás de la iglesia de Frémestroff.

El 20 de mayo de 1940, el capitán Marceaux recibe una dura crítica por parte de las autoridades militares, donde se le acusa de falta de conocimientos y se le invita a dejar la 24ª compañía.

El 11 de junio de 1940, la 24ª CTE cambia de sector y pasa al Sector Néant, estaciona en la población de Pierrefitte-sur-Aire y la Oficina de distribución telegráfica queda fijada en Bar-Le-Duc.

En este momento el objetivo principal de la 24ª CTE era fortificar el territorio de Alsacia y Lorena para evitar la invasión de la Alemania nazi. Pero los trabajadores tenían el propósito de huir de los alemanes y llegar a Suiza, que se consideraba un país seguro. Aunque posteriormente se demostró que Suiza no era garantía de libertad.

Según reconocía Roig, los únicos que lucharon contra los alemanes fueron los Batallones de Marcha franceses. El ejército francés disponía de armamento procedente de la Primera Guerra Mundial, obsoleto e ineficaz. En las CTE los trabajadores estaban en pésimas condiciones, desprovistos de zapatillas en pleno invierno y talando árboles en grupos de cinco y seis personas, con la intendencia de la compañía desarticulada, los mandos franceses a la fuga y con los alemanes pisándoles los talones. Pasaron tres días caminando, intentando llegar a Suiza con un grupo de doce personas que habían formado parte de la extinta 24ª CTE. Pero ante la falta de expectativas y sin otra salida, tuvieron que entregarse a los alemanes. Roig explica las penurias que vivió en en estos momentos de la ocupación alemana de Francia[41]:

> Cuando el avance de los alemanes fue inminente iniciamos la retirada hacia Suiza. La compañía de trabajo se disgregó y nos alimentábamos con lo que encontrábamos en las casas abandonadas. De hecho, lo más impactante de nuestra retirada fue el tropiezo con un pueblo sin ni un alma dentro del municipio pero con una caravana de unos cuarenta coches parados en la carretera, en un intento de huida, con todos sus ocupantes carbonizados. Nuestras esperanzas de llegar a Suiza, teniendo en cuenta que íbamos andando, eran mínimas y cuando ya teníamos a los alemanes encima decidimos entregarnos. En aquel momento nos habíamos juntado unos 2.000 republicanos españoles, ahora, convertidos en prisioneros de guerra.

---

41   Ibídem. Revista *Fonoll*, p. 38.

Documento de registro de Antonio Roig en el
Frontstalag 140, Belfort, 21-10-1940

6. Internamiento en los *stalags* alemanes

La 24ª CTE se desintegró y sus miembros quedaron abandonados a su suerte, sin mando militar tras la marcha del capitán y sin armamento para defenderse, deciden entregarse a la *Wehrmacht*.

Roig fue detenido por los alemanes el 22 de junio de 1940 en Granges-Sur-Vologne (región de los Vosgos), y pasó a tener la condición de prisionero de guerra.

Desde el 21 de octubre de 1940 Roig es internado en el *Stalag*[42] 140 de Belfort (Colmar). Antonio Roig se convirtió en el número 8712, y fue registrado con la profesión de "mecánico y técnico de radio / electricista".

Por otra parte, le trasladaron al campo de prisioneros de guerra *Stalag XI-B* de Fallingbostel, situado en Hamburgo, al norte de Alemania. Respecto a las pésimas condiciones de este transporte, el propio Roig recuerda:

> Antes de llegar al campo de deportes de Belfort-Colmar no nos dieron nada para comer, veníamos de caminar 100 kilómetros. Todos estábamos tan hambrientos que arrancamos la hierba del campo de fútbol, la hervimos para poder comer algo, y nos comimos toda la hierba del estadio.

---

42   *Stalag* es el término abreviado de *Stammlager* o también *Mannschaftsstamm und straflager*, los campos de prisioneros de guerra del III Reich alemán durante la Segunda Guerra Mundial.

Roig fue registrado en el Stalag XI-B de Fallingbostel (justo al este de la ciudad, en la Baja Sajonia, al noroeste de Alemania), el 15 de enero de 1941 (diez días antes de partir hacia Mauthausen) con los datos siguientes[43]:

-Matrícula: 87624
-Procedente del Frontstalag 140
-Clasificado: Melag 820
-Figura en la lista: MDG número 873 del XI-B

El republicano español David Moyano Tejerina, natural de Ujo (Asturias), explica su paso de la frontera por Figueras en febrero de 1939, el internamiento en el *stalag* y la ruta de deportación, que compartió con Roig, en este escrito[44]:

Yo pertenecía a la 118ª Batería Antiaérea en el Campo de la Bota (Barcelona) antes de que entraran los franquistas, fuimos a Granollers para defender el puente del tren pero sólo por días, cayeron Gerona y Figueras, y éste fue el fin de nuestra lucha contra el franquismo. Era Febrero de 1939. Pasamos la frontera en la que nos esperaban los gendarmes y bien formados nos llevaron a Argelés-Sur-Mer donde ya había miles de españoles, mujeres, niños, ancianos y militares. Según las estadísticas éramos unos 100.000. No había ni alojamientos, ni sanitarios, dormíamos bajo el techo de las estrellas. Yo no recuerdo haber recibido alimentos, el agua para beber habían puesto unos tubos en la arena, a una profundidad que ignoro. Estábamos vigilados por soldados senegaleses y Gendarmes. En el mes de abril pidieron voluntarios para la Legión Extranjera, Batallones de Marcha o Compañías de Trabajadores Extranjeros (CTE) militarizadas. Yo con otros compañeros nos decidimos por la última. A finales de abril fuimos enviados a Bourg-Saint-Maurice Savoie, donde pertenecíamos al 70 Batallón Alpino, y donde teníamos que construir una carretera en alta montaña, hacíamos trabajo de zapadores [excavaciones]. En

43   *Ministère des Armées. Service Historique de la Défense. Centre Historique des Archives. Division archives des victimes des conflits contemporains.* Fecha de consulta 07-09-2020.
44   Carta D. Moyano desde Bruselas a M.A. Cuello, con fecha 19-07-2004.

el mes de septiembre bajamos, porque era la declaración de guerra. En Bourg-Saint-Maurice, quizás estuvimos una semana y nos
enviaron a Sarre Union donde pertenecíamos a la artillería. Nosotros, teníamos por misión aprovisionar la Línea Maginot de obuses
y municiones en conjunto. Era un trabajo duro, porque se hacía
durante la noche a causa de la aviación alemana. Quince días antes
de terminar las hostilidades nos enviaron a *Granges–Sur–Vologne*,
donde el capitán francés quería llevarnos a Suiza. Pero ya estábamos cercados, y así nos dijo: -"Sálvese quién pueda".

Un grupo de una docena decidimos ir a la montaña y ver si
había posibilidades de escapar de los alemanes, pero no teníamos nociones de dónde estábamos. En la montaña había una
casa abandonada, quizás de los pastores, donde pasamos una
semana. Un día, cuando menos lo esperábamos, los alemanes
se presentaron y nos hicieron prisioneros, nos bajaron al pueblo
y nos encerraron en la iglesia. En la cual, ya había muchos franceses, españoles, etc. Pasamos unos días y, a pié y por etapas,
nos llevaron bien escoltados hasta Belfort. Fue el primer *Stalag* [donde estuvimos] denominado "Frontstalag 140" y allí nos
quedamos hasta finales del año 40, llenos de hambre y miseria.
A principios del año 1941 nos enviaron al *Stalag* XI-B, dónde
nos quedamos quizás unas dos semanas. El tiempo de tomar-
nos declaraciones, ficharnos con número y foto, y preguntarnos
si éramos por o contra Franco. Yo creo que todos declararon
"contra", pero ellos lo sabían mejor que nosotros.[45]

Las CTE eran itinerantes, cambiaban de ubicación constantemen-
te. David Moyano, fue capturado por los alemanes en el mismo lugar, Granges-Sur-Vologne, cuando intentaba cumplir con el objetivo de llegar a Suiza y escapar del acecho de la *Wehrmacht*. Moyano,
también acabaría siendo internado en los campos de Mauthausen y
Ebensee, como el propio Antonio Roig.

---

45   D. Moyano dice respecto a su llegada a Mauthausen: "-Allí descubrimos una
cosa nueva: pan en lata que inventaron para el Ejército" (Ibídem carta 2004).

Los republicanos españoles exiliados en Francia, capturados por la *Wehrmacht*, iban con uniforme del ejército francés, puesto que las compañías de trabajadores eran grupos auxiliares de ingenieros dependientes del ejército francés. En consecuencia, pasaron a ser prisioneros de guerra de los nazis.

En el *Stalag* 140 de Belfort pasaron la Navidad de 1940 durmiendo en literas y colchonetas. Desde Belfort a Hannover fueron trasladados en camiones. Y desde el Stalag XI-B fueron transportados directamente hacia Mauthausen. De este trayecto Moyano relata la dura experiencia que sufrieron:

> La odisea fue muy fuerte. En el *Stalag* había 2.000 personas, entre ellas 1.500 españoles. A mis compañeros Alsina y Grañena los enviaron a Mauthausen y después a Gusen y allí nos separamos. Eran sus compañeros de clase [de Roig] del barrio del Raval de Barcelona. Trabajaban en unas minas y a mí me enviaron a la cantera.[46]

---

46   Ibídem carta 2004.

7. Su experiencia en los campos nazis (Mauthausen-Ebensee)

Antoni Roig fue deportado a Mauthausen el 25 de enero de 1941, e ingresa en el campo el 27 de enero. Fue registrado oficialmente el 02-02-1941 con el número 5722: *"Sieben-und-fünfzig-zwei-und-Zwanzig"*. La experiencia inhumana de los campos nazis marcó la vida de Roig para siempre.

Durante un año y medio trabajó en la cantera, después se convirtió en *Lagerfahrer* ("conductor de coches") para los miembros de las SS[47]. Los nazis le registraron con la categoría de *Elektriker* ("electricista") y también estuvo reparando las instalaciones eléctricas de las barracas. En el campo también trabajó como técnico de radio, captando emisoras extranjeras clandestinamente, lo que le permitió conocer el curso de la guerra, y pasar el parte de las últimas noticias a los compañeros.

Así recordaba Roig los primeros momentos de la llegada al campo de Mauthausen, donde entró con 22 años de edad[48]:

> El aspecto más sobrecogedor fue, nada más llegar, el encontronazo con los SS. Aquello fue el inicio del drama. Su trato brutal a base de golpes y gritos nos habría de acompañar durante demasiado tiempo. Habíamos llegado en un tren de transporte

---

47 Según consta en Arolsen archives.
48 Transcripción de la entrevista de F. España a Antonio Roig (21-01-2002).

de ganado, unos 40-50 presos por vagón con un poco de pan; condiciones "privilegiadas" en comparación con lo que sucedería meses después, cuando los vagones estarían abarrotados y sin nada de comida[49]. [...]

Nos formaron a golpe de porra por todos lados, hay 6 kilómetros de distancia entre la estación del pueblo y el campo. No entendíamos nada, pero este ya funcionaba desde 1938. La sorpresa y la incomprensión era total. La mayoría de nosotros nos preguntábamos qué era aquel lugar. Algunos arrastraban algunas cosas que pudieron salvar de España y que llevábamos encima. Cuando llegamos vimos aquellas torres grandes que era la puerta de entrada. Formamos grupos para entrar.

Entramos y nos dijeron que teníamos que dejarlo todo en el suelo y desnudarnos. Nos sorprendió un grupo de personas que estaba a nuestro alrededor, recogiendo todo lo que habíamos dejado en el suelo, eran ejemplares de cadáveres que iban con un gorro, un traje de rayas y unos zuecos. Hablaban español, nos pedían que les entregásemos todo porque los kapos[50] nos lo iban a quitar, si llevabas dinero, tabaco o comida porque los alemanes nos lo quitarían todo. No hubo tiempo material para establecer una conversación con ellos.

Después fuimos desnudos a las duchas. Te ponían adentro y te caía encima un chorro de agua caliente y fría. No había jabón ni toallas. Te daban un pantalón, una camisa y unos calzoncillos, una chaqueta y un gorro. Era el 27 de enero de 1941. En esta expedición en la que entramos tuvimos la suerte que nos dejaron el jersey y la chaqueta que llevábamos porque el día anterior llegó al campo un transporte con 1.000 personas y acabaron con las existencias. Sabían que llegarían más personas pero no sabíamos cuantas. Éramos 1.500 personas. En total entraron 9.000 deportados y murieron unos 7.000. Entre

---

49   Ibídem, Revista Fonoll, p. 38.

50   Los kapos eran prisioneros del campo de concentración nazi que habían recibido el encargo, por parte de los guardias de las SS, de supervisar el trabajo forzado o llevar a cabo tareas administrativas en el campo.

Häftlings-Personal-Karte

	Überstellt	Personen-Beschreibung:
Fam.-Name: *Roig*	am: an KL.	Grösse: cm
Vorname: *Lluis Antonio*		Gestalt:
Geb. am: *05.1.19* in *Barcelona*	am: an KL.	Gesicht:
Stand: *ledig* Kinder: —		Augen:
Wohnort: *Barcelona*	am: an KL.	Nase:
Strasse: *St. Padre 3*		Mund:
Religion: *Katol.* Staatsang.: *span.*		Ohren:
Wohnort d. Angehörigen:	am: an KL.	Zähne:
	am: an KL.	Haare:
Eingewiesen am:		Sprache:
durch:	am: an KL.	Bes. Kennzeichen:
in KL.:		
Grund:	**Entlassung:**	Char.-Eigenschaften:
Vorstrafen:	am: durch KL.	
	mit Verfügung v.:	Sicherheit b. Einsatz:

Strafen im Lager:

Grund:	Art:	Bemerkung:
		Körperliche Verfassung:

Registro personal de Antonio Roig como trabajador del campo de Mauthausen (Haftlings-Personal-Karte). 02-02-1941. En el cual constan sus traslados posteriores al kommando de los electricistas y a los "Aussenlagers" exteriores de Schwechat, Vöcklabruck y Kalk (nombre secreto del campo de Ebensee) donde cientos de españoles trabajaron en los túneles de la zona llamada "Salzkammergut". En realidad, lo que los nazis llamaban "Aussenlagers" eran campos autónomos pertenecientes a la red de campos satélites del campo central KLMauthausen (Fuente: SHD Caen).

Interior del campo central de Mauthausen. Fotografía M.A. Cuello, febrero, 2006.

1941-1942 entraron los españoles resistentes de la guerra y después los que hicieron sabotajes o en el maquis. Primero habían estado en otros campos y les enviaron a Mauthausen. Eran unas 2.000 personas, y también murieron.

Después de la ducha, y mojados como estábamos, nos metieron en una barraca que ya tenían preparada. Todos teníamos un número que era difícil de aprender [en alemán], pero cuando entraba tanta gente aquello ya no quedaba registrado. Ahora lo hemos podido comprobar por el número de compañeros, por la gente que cabía en el transporte y por los de llegada de los mismos. En 1942 cambiaron los números, tenían cinco cifras y no cuatro. La cuestión era perder el control de la cantidad de gente que entraba. Los números de los franceses ya oscilaban en seis números.

Entrábamos en los barracones, fui a parar al barracón 11. Ese día no nos dieron nada para comer porque ya lo habían repartido. Sale el jefe de barraca y nos entrega los números y un triángulo que teníamos que llevar cosido en la ropa. A las seis llegaron para hacer el recuento general de todos los grupos de trabajo, nosotros solo pensábamos cuándo nos darían de comer. Dan las órdenes, enchufan la alambrada y nos dan la comida. El jefe de barraca nos entrega el pan. Unos 400 gramos por persona, un trozo de butifarra cocida de 20 gramos y agua negra que dijeron que era café. Después esperamos para entrar a dormir. Todos esperábamos que nos asignaran algún lugar para ir a trabajar, porque los prisioneros de guerra tenían que trabajar. Ahora lo hemos visto en las películas, pero entonces un campo de concentración no sabíamos qué era, ni que trato daban a los presos. Al entrar, la sensación general era de confusión. Entramos en la barraca, había los lavabos, dos picas, un pequeño cuarto con utensilios de limpieza (al entrar las zapatillas no podían estar sucias), y otra estancia donde estaba el comedor y una estufa, un altavoz, y dos camas en un rincón donde dormía el jefe de barraca y el secretario. Dentro del campo cada barraca tenía un responsable, un alemán de las SS y estas dos personas que mandaban a la gente. Los *kapos* no mandaban en el campo, había un jefe cuando salía a trabajar un grupo. El jefe era un preso que tenía que caer bien a los SS, pero con nosotros [los españoles] hubo un cambio. Al principio, los mejores puestos de trabajo y los *kapos* eran alemanes. Después yo tuve a muchos españoles, había cuatro o cinco jefes de barraca. Se comportaban bien, pero era muy difícil porque tenían muchos problemas. No había personal disponible y nos tenían que mantener a la fuerza. El dormitorio "de lujo" no lo utilizaba nadie, era por si venía alguien a verlo. En la barraca 2 también pasaba. Los Kapos eran alemanes, a los polacos no los ponían [de kapos] porque iban a Auschwitz o a Gusen. Los kapos eran las personas que estaban marcadas, eran criminales condenados por jurados populares. Si algún kapo no funcionaba se lo cargaban. A veces los cogían robando pan (porque tenían buena relación con los soldados)… Llevaban el triángulo verde, a muchos los enviaron al frente y los sustituimos nosotros [los españoles]. Ellos no querían problemas y que trabajásemos. Y nosotros no dimos problemas y trabajamos. Kapo nadie quería ser. Pero Jefe de barraca sí. El primer español en serlo fue un chico que se llamaba César, todo el mundo se apuntó con él, yo no porque desapareció del mapa. En algún caso "no se comportó bien…"

A la barraca entrabas antes de las diez y tenías que pasar al fondo, pasar por el comedor con los pies limpios porque sino te daban un puñado de bofetadas [recibías si ensuciabas]… Cuando entramos tuvieron que colocar a dos mil personas como pudieron porque siempre habían imprevistos. En el mejor de los casos tenías un cojín en los pies, y era de otra persona. En Mauthausen solo habían dos bloques con literas y nosotros no teníamos. Dormíamos en colchonetas de paja. En unos 50m^2 dormíamos cien o doscientas personas. Si salías, pisabas a todo el mundo. Te trataban peor que a un animal. Hasta febrero no tuvimos la cuarentena porque no sabíamos lo que eran las infecciones. El sistema era este y había que aceptarlo. Estabas en una situación límite; los que salimos tuvimos mucha suerte. Si encontrabas una buena faena, tenías suerte. Primero fui a la cantera, donde estuve más de un año, y después estuve trabajando de técnico de radio porque yo dije que lo era. La cantera alimentaba el campo. Para explotar la cantera los SS crearon una sociedad. Había un carril para llevar las piedras al Danubio que estaba a tres kilómetros. Los deportados eran los que tiraban de las vagonetas; hacia 1942 trajeron unas máquinas diésel que llevaban las piedras al muelle del Danubio. En la cantera había unas barracas donde hacíamos adoquines. A mí me tocó llevarles las piedras. Eran homosexuales que trabajaban con prima: tenían que hacer cien y si hacían veinte recibían unos vales que se cambiaban comprando en la cantina del campo. Ellos tenían pan y tabaco debido a las primas. A veces me daban pan, tabaco o margarina. Estuve mucho tiempo trabajando con ellos y no tenía a ningún kapo que me controlara. En 1942 mi situación cambió porque me convertí en técnico de radio. Solo había un chico austríaco que llevaba el triángulo negro [asocial] que era muy avispado y sacaba pan y margarina de todas partes. El problema es que había veinte barracas y veinte barracas más para los soldados, allí había un amplificador enorme que tenía que estar siempre en funcionamiento y estaba dividido entre los presos y los soldados. El de los presos lo ponían en caso de victoria en alguna batalla y el de los soldados tenía que funcionar siempre. Yo tenía que estar muy atento porque tenían que escuchar el parte de guerra. A la tropa que vivía en el pueblo si se les estropeaba la radio se la reparábamos nosotros. Un día a través de la radio oí hablar en castellano, era la BBC de Londres. Hablaban de un desembarco aliado fallido en Marruecos. Tenía un compañero italiano que me aconsejó que no fuese más lejos porque me podía costar muy caro. Días después me dijo que escuchase la BBC cada día. Un kapo habló con él y allí descubrimos que había una organización interior.

El propio Roig relata cómo se organizaba la dura jornada de supervivencia en el campo[51]:

51   Ibidem F. España (2002).

Los 186 escalones que dan acceso a la cantera.del campo de Mauthausen (fotografía: M.A. Cuello, febrero 2006).

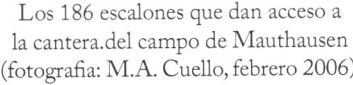

Gedenkstätte Museum Mauthausen. Bloques de la cantera que transportaban los deportados (fotografía: M.A. Cuello, febrero 2006).

Nos levantábamos a las cinco de la mañana, recogíamos las "colchonetas" de paja y en tan solo tres cuartos de hora teníamos que compartir los pocos lavabos que había entre 400 presos[52]. [….]

Nunca trabajabas en el mismo sitio si no tenías un oficio muy específico; por tanto, podías ir a construir carreteras, a las estaciones, a las industrias de guerra o bien a la pedrera, esta última era lo peor ya que comportaba tener que subir la "escalera de la muerte" de 186 escalones. Yo lo se bien, pues estuve trabajando durante un año entero en la cantera del campo de Mauthausen, tuve mucha suerte. No tuve que subir ni bajar piedras mucho tiempo, esa escalera que nadie sabía como la construyeron. Cuando entré en 1941 la subí y la bajé. En la cantera estaban

---

52   Ibídem, Revista *Fonoll*, p. 38.

haciendo unos retoques y necesitaban unos cuantos españoles para trabajar allí. En la escalera de Mauthausen no murieron 3.000 españoles como algunos han dicho, es falso. Cuando yo entré a Mauthausen todavía no había 3.000 españoles y esto se puede comprobar. El campo se creó en 1938. Los primeros españoles entraron en Mauthausen el 6 de agosto de 1940. Y desde 1938 hasta 1940 son aproximadamente dos años. Cuando entramos en el año 1941 Mauthausen ya contaba con 20 barracas acabadas y la cocina, era moderno y tenía una canalización de agua corriente.

Aquellos que ya ni tan solo podían caminar eran llevados a un camión que, según les explicaban, les levaría a un sanatorio. La realidad era que se trataba de un viaje cíclico de manera que los devolvían al campo, pero en el trayecto les habían matado con gas dentro del mismo camión y los descargaban en el crematorio. La capacidad del vehículo era de unas 50 ó 60 personas y este hecho se repetía dos o tres veces por semana.

Como podéis suponer la vida en el campo no era nada fácil, era como hubieses perdido tu identidad y tan solo te movía el instinto de supervivencia. Yo creo que los que conseguimos resistir lo hicimos porque éramos jóvenes, queríamos vivir y manteníamos las ilusiones, al contrario que los más mayores.

En agosto faltaba acabar alguna cosa de la *Appellplatz* ["plaza central de recuento"], pero la mitad del campo ya estaba montado. Cuando entré en el campo la escalera ya estaba montada y cuando entraron los primeros españoles, también. La montaron mucho antes, los primeros presos de Mauthausen llegaron procedentes del campo de Dachau [eran checos], los aprovecharon para la construcción del campo. Cuando Hitler anexiona Austria al III Reich [Anschluss, 12-13 marzo, 1938], toda la oposición a Hitler acabó en Mauthausen. Y después llegarían los prisioneros procedentes de Checoslovaquia. Cuando entré en el campo había: alemanes, austríacos, checos y polacos. Esta es la fuerza que había el 27 de enero de 1941. En mi transporte entramos 1.500 personas y dos días antes ha-

Trabajos en la cantera de Mauthausen.
Portada de la revista Regards, núm. 12 (01-07-1945).

Deportados del KL Mauthausen haciendo ejercicio físico en la Appelplatz
bajo vigilancia de los kapos. 1941. Archivo personal de A. Roig.

bían llegado 1.000 personas más a Mauthausen[53]. La cuarentena duró cinco días. Después entraron del orden de doscientos a trescientos en los siguientes transportes. El convoy del 27 de enero de 1941 es el más numeroso de todos los que se produjeron durante la Segunda Guerra Mundial. Por lo tanto, por lo menos hubo 7.000 muertos en Mauthausen. Fueron muchos más porque muchas personas no las contabilizaron. Yo calculo que en Mauthausen entraron unos 9.000 deportados y deportadas. Y salimos 2.000. Una prueba, en Dachau entraron 1.000 deportados, seiscientos en la época del maquis. Y de ellos murieron la mitad, trescientos. El número exacto no se sabrá nunca, los historiadores no lo conocen porque los nazis daban los números de otra persona que ya había muerto. Han venido a verme deportados que entraron en 1942 y tienen el número 4100 de deportado en el campo. Si miras las listas, observarás que en 1941 ya habían deportados con ese número. En mi vagón de ganado habían 60 ó 70 personas y no sabíamos a donde íbamos. Creíamos que nos llevaban a trabajar al campo o a una fábrica como hicieron los franceses. Al llegar ya no había ejército, solo los SS y ordenaron bajar de los trenes. Nadie allí entendía lo que decían. Protestamos y recibimos golpes y culatazos por todas partes.

En el campo de Mauthausen le fue asignado el cuidado de *Lord*, el gran danés que pertenecía al capitán de las SS Georg Bachmayer, comandante del campo de Mauthausen y que fue trasladado a Ebensee a partir de octubre de 1943, llevando consigo a este temible animal para continuar allí con las torturas a los prisioneros[54]. Roig

---

53 Antonio Roig entró en el campo de Mauthausen el 27 de enero, y su nombre aparece en la lista de registros del campo el día 2 de febrero de 1941.

54 Cuando fue liberado el campo de Ebensee, Roig colgó de un palo a esta bestia del campo entrenada para torturar y matar. Según Roig, de la cabeza a la cola medía 2,20 metros.

estaba convencido que él pudo salvarse porque en ocasiones conseguía robar algo de la comida que los SS le daban para este perro[55].

En 1942 entra a trabajar como técnico de radio en el campo central de Mauthausen. Antonio Roig explica su escalofriante experiencia en el campo con estas palabras[56]:

> En el campo de Mauthausen enseguida aprendí que el frío y la temperatura eran uno de los mejores aliados de los alemanes y su estrategia de exterminio. Allí, en los alrededores del Tirol, el tiempo pasa de un extremo a otro, sin ningún tipo de medida. En invierno hace un frío que pela y en verano te asas. Las inclemencias meteorológicas cuando trabajas once horas diarias, al aire libre picando piedra, casi desnudo, desmontan al más fuerte. O te mojas, o te quemas, o te hielas… Son un verdadero instrumento de tortura, un flagelo sumado a la carrera de obstáculos que te va recorriendo el cuerpo. De los 11.000 españoles que pasaron por los campos de concentración nazis, sólo sobrevivimos unos 2.000. Todavía, fueron bastantes si pensamos en nuestra alimentación, que consistía en un bol de agua negra por la mañana, peladuras de patata y nabos para comer (las patatas se reservaban para la tropa y eran un milagro dentro de aquel caldo), y un poco de pan negro para cenar.

> El verano de 1941, los nazis trajeron un grupo de 150 judíos a la cantera donde trabajábamos. Cómo estaba hundida en la montaña, bajaban custodiados por dos SS, por la que nosotros llamábamos "escalera de la muerte", de 186 escalones, que conectaba el campo con la cantera. Estas escaleras, que nosotros hacíamos dos veces al día, ellos las tenían que hacer seis veces por la mañana y seis por la tarde, cargados con unos pedrolos de por lo menos 30 kilos encima de unas mochilas con base de madera. No sé si al segundo o tercer día ya empezaban a obsta-

---

55 Roig solía explicar que los animales de los SS estaban mejor alimentados que los prisioneros del campo. Y que él se vio obligado a robar parte de la comida del perro para poder salvar su propia vida.

56 Entrevista a Antonio Roig, Diario *Avui*, 26/07/2000. "Una postal de…Antoni Roig".

Postkarte
Tarjeta Postal

An _Antonia Llivi Termens_
a

Geprüft
K. L. M.

Empfangsort: _Barcelona_
Lieu de destination

Absender:
Expéditeur

Vor- und Zuname:
Nom et prénom

Antonio Roig Llivi

Straße: _Plaza Padrón 3_
Rue

Gefangenennummer: _5722_ / Bl. _12_
No du prisonnier

Land: _Barcelona_
Landesteil (Provinz usw.)

Lager-Bezeichnung:
Nom du camp

LAGER MAUTHAUSEN (OBERDONAU)
DEUTSCHLAND

(España)

Tarjeta postal (Postkarte). 16-05-1943. Enviada desde el campo de Mauthausen a su madre Antonia Llivi Termens. Plaza Pedró, 3, 3º-2ª, Barcelona. Figura nombre y apellidos, número de matrícula 5722 y el Block número 12 donde fue destinado.

El campo de Mauthausen desde el exterior (fotografía: M.A. Cuello, febrero de 2006).

culizar el paso. Se les caían las piedras, resbalaban... Entonces, a uno de los SS se le ocurrió de seguir a los que fallaban, hacerles subir y pedirles que saltaran al vacío desde arriba. Si no lo hacían, se les encaraba, les hacía retroceder, y cuando estaban en el margen de la escalera, les soltaba una patada y caían los setenta metros que había de precipicio hasta la cantera. No sé cuantos llegó a patear aquel tío en aquel día. Hasta cogieron a dos prisioneros para que hiciesen pilas con los cadáveres. Yo ya hacía seis meses que había llegado [al campo], y había visto cosas muy fuertes, pero aquel hombre consiguió asustarme. En aquella situación, podías tomar dos actitudes: aceptar la fatalidad, pero ser rebelde; o asumirla y rendirte. La gente que pasaba de la trentena, enseguida se desanimaba. Pensaban en su mujer, en sus hijos y así no duraban ni dos días. Yo creo, y no quiero molestar a nadie, que a los judíos esto les pasaba mucho. Lo tenían más difícil porque estaban en el punto de mira de los alemanes. Pienso que eran más pasivos que los demás, en general no les veías la predisposición de resistir, de sobrevivir... También ese verano conocimos a dos [judíos] que hablaban castellano. Un domingo nos invitaron a remolacha y a algunas cosas que habían comprado en la cantina con los vales que los alemanes les dieron después de quitarles el dinero que llevaban cuando entraron en el campo. Como los barracones eran de madera y por la tarde eran un asadero, fuimos afuera y hablamos durante un largo rato. En el campo, las conversaciones eran triviales, ninguno hablaba de la situación en la que se encontraba. Pero, al despedirnos, uno de ellos me dijo: -"No lloréis por nosotros, porque sabemos que vamos a morir". La cosa quedó así. Al cabo de unos días estaban todos muertos.

Al final de la guerra, la represión se dirigía más hacia los rusos, polacos y judíos que iban llegando. Por el contrario, como que los alemanes se incorporaban al frente, nuestra situación cambió porque accedimos a puestos de la organización del campo. Esto nos permitió cohesionar y subir la moral, estar al corriente de como iba la guerra y organizarnos por si los nazis preparaban una "Solución Final".

En octubre de 1943, Antonio Roig es trasladado al campo de Ebensee con el primer grupo de españoles que entró en este campo, situado a 100 kilómetros de Mauthausen, manteniendo el mismo número de registro 5722 que tenía en Mauthausen, y donde se integró en el *komando* de los electricistas formado por 46 deportados. En Ebensee fue a parar al barracón número 12, en el cual se amontonaban 350 seres humanos.

Roig fue destinado al campo satélite de Ebensee junto con los compañeros Marcelino Bilbao, Emilio Fernández, Luís Gil Blanco "El Peque", Sureda y Florentino Vega, entre otros.

Desde entonces pasó a realizar trabajos para la construcción de los túneles del campo. "Kalk" ("*Cal*") era el nombre en clave, de carácter secreto, de los túneles del campo de Ebensee. El SS Reiniger controlaba el trabajo de los españoles en los túneles de Ebensee, trabajo por el cual Roig recibía un *Reichsmark (1 RM))* al día[57], totalmente insuficiente para cubrir las necesidades básicas de una persona[58].

A partir de octubre de 1943, se inició la construcción del que, según explica Roig, sería el último campo que se construyó en Austria[59]:

> El complejo concentracionario se creó para la construcción de túneles en las montañas con el objetivo de ubicar la industria de guerra de la Alemania nazi. Ebensee, es un lugar muy bonito con un lago navegable, y conexión con el ferrocarril. Cerca de este pueblo buscaron un sitio donde perforar las montañas. El campo montó en medio del bosque, se talaron los árboles justos para poner las barracas. Era un lugar por donde pasaba

---

57 Según consta en el documento de registro de Ebensee, Antonio Roig número 108, aportado por Wolfgang Quatember. Zeitgeschichte Museum & KZ Gedenkstätte Ebensee.

58 Durante la Segunda Guerra Mundial la inflación era muy elevada y el salario medio en Alemania estaba entre 100 y 200 *Reichsmarks* al mes.

59 Ibídem, entrevista F. España (03-09-2001).

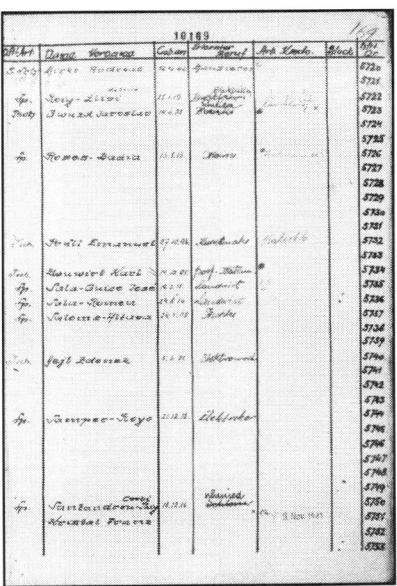

Documento de registro del campo de Ebensee, octubre 1943. Roig es el segundo inscrito de la lista con la matrícula 5722, la misma que el 27-01-1941 cuando entró en el campo central. Figuran dos profesiones que ejerció en el Aussenlager Kalk: electricista y mecánico (Elektrikermekaniker).

habitualmente la aviación aliada para bombardear Alemania. Se trabajó en la perforación de la montaña, y los escombros de la perforación se echaban a un terraplén para que llegaran los trenes hasta la misma boca de los túneles. Se empezó a construir en octubre de 1943, y a finales de otoño de 1944 ya se habían montado doce túneles, cada túnel casi con medio kilómetro de profundidad. Eran seis túneles dedicados a una cosa y seis túneles dedicados a otra cosa, no se pudo terminar porque ya esta próximo el año 1945. Incluso ahora, si vas a visitar el campo, se puede ver la gran fosa que está tapada, llena de cadáveres y podrás visitar uno de los túneles, el resto de túneles están tapados. Era un campo donde había 18.000 personas, allí se trabajó día y noche por turnos para construirlo, y murió mucha gente…

En 1944, nos custodiaban alemanes procedentes de diferentes cuerpos del ejército y, como no tenían efectivos, reclutaron a los más jóvenes para la SS. Los heridos del frente los retiraban y formaban compañías de retaguardia que complementaban con el resto. Había gente joven y mayor custodiando el campo.

En la lista de kapos del campo de Ebensee[60] figuraba Magnus Keller, conocido como *"King Kong"* por su tamaño y altura, un criminal sanguinario, mecánico de profesión en Munic, que llegó al campo de Mauthausen procedente de Dachau donde había ingresado en 1940. Llevaba un triángulo verde, destinado a los presos comunes y delincuentes. Era un individuo de gran estatura, violento y asesino, que se convirtió en el mejor aliado de los SS, siendo el responsable directo de la muerte de centenares de deportados.

Desde el campo de Ebensee Roig pudo enviar varias tarjetas postales a su familia, de las cuales solo en contadas ocasiones recibía respuesta. El 11 de junio de 1944 Roig recibió una carta en el campo de Ebensee muy emotiva para él, pues Antonia Llivi le comunicaba el nacimiento de su sobrina Antonia Roig Gimeno. Su hermano Vicente Roig se había casado con Emilia Gimeno Pérez el 12 de enero de 1942 y fijaron su residencia en la plaza del Pedró número 3 de Barcelona. Su hija nació el 9 de enero de 1943 en Barcelona.

El campo de Ebensee fue liberado por los soldados norteamericanos el 6 de mayo de 1945, que se encontraron con los deportados completamente desnutridos. Roig explica cómo vivió ese momento y cual fue el destino de los deportados españoles en los primeros momentos de la liberación del campo de Ebensee[61]:

60   Lista de trabajadores de la empresa *Kalksteinbergwerk,* del 20 de Març del 1943. Zeitgeschichte Museum Ebensee.
61   Entrevista a A. Roig de M.A. Cuello y F. España, en su residencia de la calle Valencia, 655, de Barcelona. 03-09-2001.

El campo de Ebensee fue liberado por los americanos, el preso que más pesaba era 30 quilos. Por lo que se vieron obligados a montar allí un hospital de campaña para atender a las personas. Las barracas eran americanas.

En un lugar del campo trabajaban en un compuesto de gasolina; y, en el otro, en el arma secreta que tenía Hitler [las famosas bombas V1 y V2]. En consecuencia la situación de los días 5 y 6 de mayo de 1945 fueron terribles. Abrieron las puertas los americanos, ya hacía más de 36 horas que los SS se habían marchado, dejando en el lugar una guardia formada por personas mayores del mismo pueblo. Nosotros no pudimos hacer nada, sólo esperar.

Allí había 14.000 supervivientes, excavaron dos grandes fosas comunes, llenas de cadáveres, y había cerca de 3.000 cuerpos que se tenían que quemar, ya que los hornos hacía medio año que no funcionaban. Además había 3.000 personas más en las barracas del hospital [del propio campo]. Esperamos hasta que llegaron las fuerzas americanas y aquello se organizó, unos con avión se los fueron llevando, y el resto se quedó dentro del hospital de campaña para atenderlos.

Nosotros pudimos resistir. Los españoles esperamos a que vinieran a buscar a los de cada nacionalidad, y poco a poco vinieron polacos y rusos, y llegó también la expedición de franceses, a la cual nos agregamos nosotros. Aún así, estuvimos quince días más en el campo.

Cuando nos liberaron había una compañía de Marina y otra de aviación que sustituyeron a los SS y al personal de la propia *Wehrmacht*. El 6 de mayo una división norteamericana entró en Ebensee y liberó el campo. El Comandante jefe de Mauthausen SS Franz Ziereis ya había abandonado el campo de Mauthausen ante la proximidad de los soldados americanos que se encontraban en el margen del río Danubio. Mauthausen se liberó el 5 de Mayo de 1945. […] Cuando los americanos llegaron nos encontraron en un estado tan patético que algunos buscaban alemanes para aplicarles la ley del talión.

Cuando pudimos salir [del campo], la mayoría de los españoles fuimos a París, y hay que decir que esta vez los franceses nos trataron muy bien. No fue difícil reincorporarse a la vida. Después de pasar un verano con cuatro francos en el bolsillo e hincharme a comer, fui a buscar trabajo a Clermont-Ferrand. Enseguida me contrató una empresa siderúrgica que fabricaba obuses del 15 y medio para la guerra de Indochina. Al cabo de una semana le pedí al Jefe de personal que me pagara y me marché. No pensaba fabricar material bélico. Después, trabajé aquí y allá, y acabé trabajando solo. En el campo me robaron la ambición. Al final no acababa de encajar en ningún sitio. Te acompaña toda la vida, cada día.

Antonio Roig destaca la idea que en Mauthausen la muerte era arbitraria y la importancia del testimonio de Boix contra los culpables del genocidio:

Los SS no hacían distinciones entre una persona u otra ya que su función principal era matar. Estuve en Mauthausen cuatro años y cuatro meses, todo era disciplina, disciplina horrible, difícil de explicar y de entender. Francesc Boix, que murió en 1951, se convirtió en el único superviviente español que testificó en el proceso de Nuremberg como testigo de cargo contra los responsables del genocidio nazi.

En Mauthausen Roig vio fusilar a los familiares de los combatientes yugoslavos. Había hombres, mujeres y niños. Recibieron órdenes desde Berlín y se limitaron a cumplirlas. Fusilaron familias enteras de partisanos yugoslavos. Las personas que fallecían en los transportes tras pasar 48-60 horas de viaje no las registraban, y por tanto no constan en ningún registro. En Mauthausen y debido al régimen alimentario establecido, la esperanza de vida en el campo era de seis a nueve meses. Según el BOE nº 190, (09-08-2019), la cifra de españoles muertos es de 4.427.

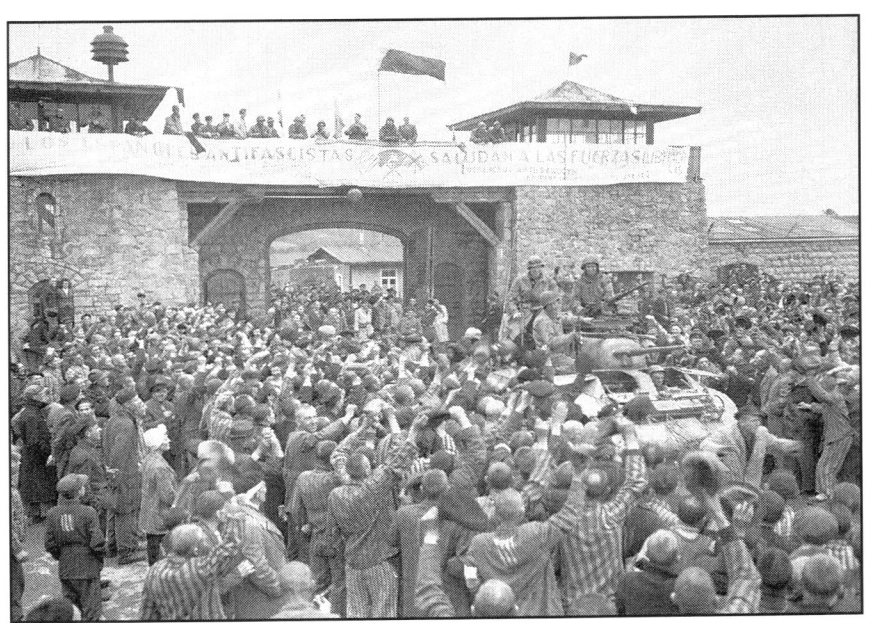

Liberación del campo de Mauthausen 5 de mayo de 1945.

El 5 de mayo del 1945 una división del ejército norteamericano entra al campo y libera Mauthausen. En la imagen interior del campo con los republicanos españoles.

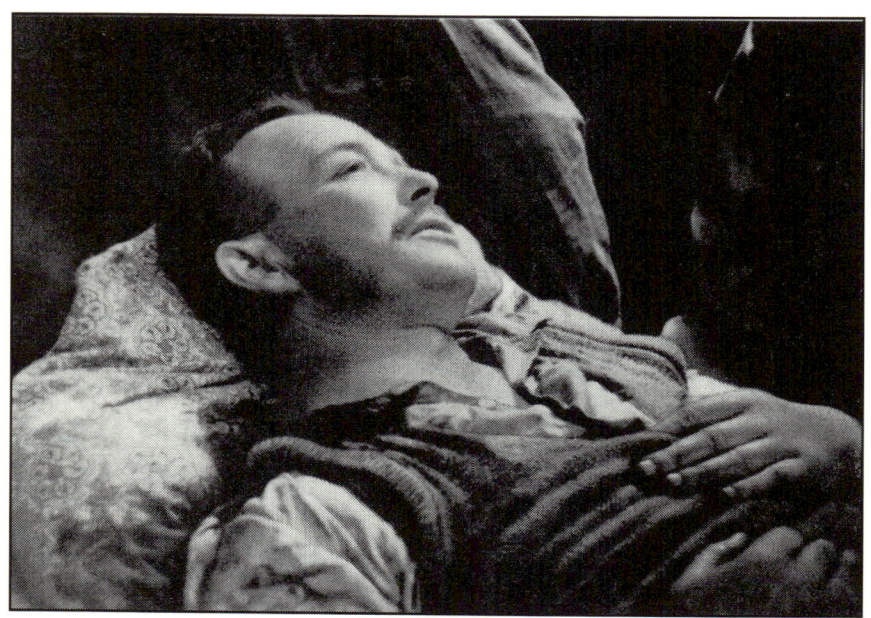

Lagerkommandante Franz Ziereis en el Hospital de Gusen una vez el campo fue liberado el 5 de Mayo de 1945. En su intento in extremis de fuga recibió un impacto de bala que le ocasionó heridas graves (Archivo personal A. Roig).

8. Un superviviente de los campos nazis en Francia

Tras su liberación Antonio Roig pasó por Longuyon (Meur-the-et-Moselle), un centro habilitado de la Cruz Roja francesa destinado a acoger a los deportados de Mauthausen. Y el 25 de mayo de 1945 inició los trámites para regularizar su situación como ciudadano francés y obtener la *Carte de Rapatrié* (Tarjeta de Repatriación), la cual representaba el reconocimiento oficial de víctima de guerra y daba derecho a ayudas sociales, como raciones de alientos, ropa y productos básicos, asistencia médica y sanitaria, y permitía a los españoles solicitar la residencia legal en Francia.

Rápidamente Roig se incorporó al trabajo, y así explica su retorno a Francia como refugiado[62]:

> En Francia esperaban a los refugiados. Los españoles decidimos ir a Francia ya que no podíamos volver a nuestro país. Nos fuimos con los franceses que nos reconocieron todos los derechos igual que los ciudadanos franceses que habían estado en Mauthausen. Esto representa que fui a Longuyon con el objetivo de descansar, comer y tener una vida digna... Nos dieron la oportunidad de encontrar trabajo y incorporarnos al mercado laboral. Llevábamos nuestra documentación de deportados y no tuvimos problemas.

---

62   Ibídem, entrevista, 03-09-2001.

Mi primer trabajo, fue en una empresa donde se fabricaban cápsulas para la artillería, del quince y medio. Un sábado me marché. Le pedí al jefe que no quería trabajar para la industria de guerra, todavía estaba el conflicto con Indochina entre 1945-1946. No tuve problemas de salud pero para sobrevivir trabajamos muchísimo. Nos incorporamos a la vida después de todo lo que habíamos pasado. Todos estábamos tocados, ya no teníamos aquella esperanza de vida que teníamos cuando éramos más jóvenes antes de nuestra estancia en el campo de Mauthausen. A Francesc Boix le perjudicó el hecho de ser corresponsal de guerra e ir de un lado a otro sin descanso. Él no bebió alcohol. Muchos soldados americanos cayeron en el alcoholismo... El 25 de mayo nos subimos a los camiones de los franceses y cruzamos la frontera entre Alemania y Francia. Nos dieron la carta de repatriado y fuimos a París. Llegamos al Hotel Lutétia donde llevaban el control. Acogieron a todos los presos, te daban de alta en la oficina, nos entregaron dinero y nos dieron un lugar para trabajar. Repartieron billetes para todos los pueblos y ciudades de Francia. Nosotros estuvimos un tiempo allí para recuperarnos y encontrar trabajo enseguida.

Consta que Roig, junto a cinco compañeros liberados de Mauthausen, estuvo trabajando en la ciudad alemana de Windelsbach (Baviera) el 11 de agosto de 1946 donde figura en el *Arbeitkommando* 1017 de Cadolzhofen[63].

En Francia también estuvo trabajando como mecánico en la multinacional Michelín de Clermond-Ferrand (Puy-de-Dôme), donde residió en el número 17 de la rue des Vieillards hasta diciembre de 1948.

El 8 de febrero de 1946 pudo seguir como su compañero Francesc Boix Campo[64] y la francesa Marie Claude Vaillant-Couturier

---

63   Según documentación aportada por Wofgang Quatember, director del Gedenkstätte Memorial Museum Ebensee.

64   Francesc Boix Campo (Barcelona, 14-08-1920 - París, 4-07-1951).

Documento de "Demande de carte d'identité de Travailleur agricole ou Industriel",
realizado en Clermond-Ferrand, con validez entre el 11 de septiembre
y el 11 de diciembre de 1948 y que le acreditaba como mecánico
de la factoría de Michelin en Francia.

Rue des Vieillards número 17, de Clermont-Ferrand (Puy-de-Dôme).

El proceso de Nüremberg en la Revue Regards núm. 27, publicación del PCF (Partido Comunista Francés), "Les Déportés Accusent... A Nuremberg, la France demande justice" (08-02-1946). En portada Marie Claude Vaillant Couturier, el 24-01-1943 fue deportada a Auschwitz-Birkenau en el convoy 31000, destinado al exterminio; en 1944 es trasladada a Ravensbrück. El 26-01-1946 fue testigo de cargo junto a Francesc Boix en el Proceso de Núremberg (Archivo A. Roig).

testificaban en el proceso de Nüremberg contra la cúpula del nazismo.

Antonio Roig y Francesc Boix iban en el mismo tren que los condujo a Mauthausen, donde entraron el 27 de enero de 1941. Fueron buenos amigos y le recordaba como "un chaval muy dinámico y buen compañero".

Roig explica el proceso que pusieron en marcha dentro del campo con Boix para poder salvar las fotografías, donde tuvieron un papel muy importante los carpinteros del campo de Mauthausen, y también su papel en la salvaguarda de este fondo[65]:

---

65   Ibídem, Martínez Fernández, E.M., 02-02-1999.

Los clichés estuvieron escondidos en el campo y después escondidos aquí [en Barcelona], y de ahí [del Amical] salieron al Museo de Historia de Cataluña. Las fotos que salvó Boix son del campo de Mauthausen. En todos los campos de Alemania había un laboratorio fotográfico, que estaba en manos de un oficial de la SS que hacía las fotos y también tenía que hacer el revelado de las fotos que tomaba. Entonces, ellos no querían trabajar mucho y pidieron a dos españoles que supieran revelar fotos. Uno era Boix y el otro García y les llevaron [a trabajar] al laboratorio, y allí se encargaban de realizar los revelados de las fotos. Ellos [los SS] querían saber todo lo que pasaba dentro de los campos, por tanto, [los fotógrafos] tenían la responsabilidad de fotografiar todo cómo iba: cuando mataban, en los crematorios, en las cámaras de gas, cómo se trabajaba, cómo se trataba a la gente, cuando uno se echaba a la alambrada, las enfermerías, cómo se morían... en fin, todo. Una vez fotografiado lo tenían que revelar. Había órdenes del gobierno de Berlín de que debía fotografiarse todo, para saber lo que ocurría y [justificar] la conveniencia de tener el campo de concentración.

Al principio como [los nazis] iban ganando, no pasaba nada, pero todo fue cambiando hacia finales de 1942, habían perdido en Stalingrado y empezaron las grandes ofensivas rusas y americanas, entonces Boix dijo que debían salvar los clichés. Los fueron guardando y al final llegó un momento en que acudieron a sus compañeros. Decidieron salvar los clichés por la importancia que tenían para el día de mañana.

A finales del 42 y principios del 43 nosotros ya habíamos pasado la "depuración"; ya podía contarse que habían muerto 6.000 españoles de los 10.000 que habíamos entrado. Y entonces, los que quedábamos, habíamos cogido puestos de mantenimiento del campo: fotógrafos, albañiles, zapateros, sastres, cocineros, escritores en la *kommandantur* donde se llevaba el control de todo, en las intendencias... esto te daba un conocimiento de cómo funcionaba el campo y un conocimiento de cómo poder dar una ayuda en solidaridad a todos nuestros compañeros.

Recurrieron a tres carpinteros que había en la carpintería, y los negativos empezaron a guardarlos en un tronco que tenían allí dentro. Porque en Mauthausen había talleres de todo tipo allí dentro del campo.

Entre el 43 y el 44 entraron unos jóvenes al campo de Mauthausen, muy jovencitos, tenían 14 ó 15 años. Que formaban parte de los primeros convoyes que llegaron a Mauthausen. A los chavales primero les pusieron a pelar patatas y después los pusieron a trabajar en puestos menos pesados. Ya en 1944 había una cantera particular. Todos los industriales de la zona recurrieron al campo porque necesitaban gente para trabajar. La guerra tomó un camino diferente, todos tenían que ir al frente y necesitaban mano de obra. En principio les negaron el permiso porque no tenían guardia, hombres para custodiar a aquellos jóvenes. Todos los grupos que salían a trabajar fuera del campo tenían un guardia. Bachmayer, un oficial que tenía "algo de simpatía" por los españoles, lo solucionó. Les permitieron ir a trabajar a la cantera particular con la condición de que no llevarían guardia. Y él, el propio Bachmayer sería el responsable del grupo. Y les permitieron salir del campo. Los españoles no teníamos fama de que pudiéramos fugarnos porque no teníamos a dónde ir. Y allí los chavales hicieron amistad con una mujer austríaca que era Anna Pointner que siempre les daba un pedazo de pan o algo que encontraba en el mercado. Los carpinteros pidieron a los chicos si podían sacar las fotografías fuera del campo. Anna Pointner era una mujer antifascista y no simpatizaba con Hitler, y ella dijo que sí. Y sacaron todos aquellos clichés de dos en dos, y Anna Pointner los guardaría. La mujer se hizo cargo de los clichés y los reveló. Los americanos se enteraron y le pidieron la entrega de este material. Estos clichés son los que sirvieron de apoyo a Boix en el proceso de Nuremberg en su testimonio contra los nazis. Las fotografías nos las entregaron a nosotros, y esas fotografías son las que se ven en el libro y se pueden ver ahora[66]. Las hemos entregado al Museo de Historia de Cataluña porque es un documento histórico que debe conservarse. Aquí estuvieron guardadas en un cajón[67] y nadie se había interesado. No sé que pasó, la transición no buscó ninguna solución. Yo estoy aquí [en la Secretaría del Amical de Barcelona] desde 1994, y el Museo de Historia [de Cataluña] lo crearon hace solamente unos años... No están todas, allí en el Museo hay 300 fotos, pero hay más de 500 fotografías. Las fotos del interior del campo son nuestras. Las únicas que existen.

66   Entre los años 1995 y 1996, el Amical de Mauthausen deposita en el Museo de Historia de Cataluña la primera parte del fondo fotográfico de Boix, correspondiente a las fotografías sustraídas del campo (1940-1945), las de la liberación (1945) y algunas de 1946 y 1947. Actualmente en exposición y catálogo: *Francesc Boix, més enllà de Mauthausen* (2015); *Francesc Boix: dels camps de concentració al fotoperiodisme* (2016).

67   Según explica Roig, se habían conservado 500 fotografías de Boix en la sede del Amical de Mauthausen de Barcelona. Antes de su incorporación a la Secretaría, pudieron comprobar que habían desaparecido libros, revistas y otros fondos del archivo. A partir de 1994, con la incorporación de Roig a la Junta directiva, decidieron hacer inventario y tomaron la decisión de hacer donación de las 300 fotografías de Boix al Museo de Historia de Cataluña. Los clichés se conservaron en la casa de Mariano Constante Campo, en su casa de Montpellier.

9. El retorno a España y la lucha antifranquista desde la clandestinidad

El regreso a la España franquista de los años cuarenta era arriesgado y extremadamente peligroso para los exiliados republicanos. En esta etapa, miles de personas fueron sometidas a procedimientos sumarísimos. Durante los años más duros de la posguerra (1939-1945), se calcula que ejecutaron por motivos políticos entre 40.000 y 50.000 personas y hubo más de 250.000 presos en cárceles y campos de concentración del territorio nacional.[68] A pesar de las circunstancias adversas, Roig toma la determinación de regresar a España, para reencontrarse con su familia y para seguir luchando contra el fascismo, en coherencia con sus ideales y su compromiso en la defensa de la libertad y la igualdad. Él mismo lo explica en este contexto[69]:

> Muchos no volvieron a España. Yo no volví hasta 1948, atravesando la frontera a pie. Lo intentamos tres veces, hasta que conseguimos pasar. Éramos tres personas y lo conseguimos. Fuimos a una masía para afeitarnos, arreglarnos, comprar tabaco y descansar. Al día siguiente, esperé para pagar el billete de autobús *Alsina i Graells*. No sabías lo que te podía pasar, era una aventura.

---

68   Preston, P. (2011). *El holocausto español: odio y exterminio en la Guerra Civil y después*. Barcelona: RH Mondadori.

69   Ibídem, entrevista, 03-09-2001.

Subieron unos Guardias Civiles al autocar y se bajaron. Sólo podíamos estar en Barcelona tres días y me encontré con mi madre. Mi intención era encontrarme con ella porque sabía que estaba viva… Me dijo que no me marchase. Antes la gente estaba hecha de otra pasta. Ahora hay valores que se han perdido, todo desaparece… Y seguimos luchando contra el fascismo.

No somos héroes, somos personas que han pasado por una situación muy adversa. El sistema de los nazis tenía como objetivo principal sacar todo el rendimiento de las personas a través del trabajo, hasta el límite de la resistencia humana. No les importaba nada más. Nadie tenía que salir con vida… Ningún pueblo es superior a otro, y no se pueden imponer los unos a los otros.

Nosotros tuvimos mucha suerte. Luego desde tu puesto tenías cierta influencia. Tenías que adaptarte a la situación y esperar. Trabajé en la radio.

Ir a la guerra no me resultó drama alguno, yo era joven, a mí [el drama] me acompañó desde el primer día que entré en Mauthausen.

Si eras mecánico de coches te hacían una prueba y tenías que demostrarlo y si eras conductor de coches también[70].

Roig consiguió llegar a Barcelona con documentación falsa, y estuvo escondido varios días en la casa de un compañero. Hasta que pudieron localizar a su madre, Antonia Llivi Termens, que seguía viviendo en el tercer piso de la plaza del Pedró número 3 del Raval, con su hijo Vicente[71], su nuera Emilia y su nieta Antonia. Habían pasado diez años desde que Antonio partiera a la guerra en mayo de 1938, y hasta diciembre de 1948 no pudo reencontrarse con su madre. El primer encuentro fue en la vivienda familiar y le causó una gran emoción, pues su propia madre, al verle, no le reconoció, por las

---

70 Según la documentación de Antoni en Mauthausen, consta que también trabajó de "Lagerfahrer", (chófer) para los alemanes.

71 Vicente Roig falleció en 2001, y fue enterrado en el cementerio de Terrassa, núm. 226, fila 2, vía 24B, block 134.

condiciones físicas tan deterioradas en que se encontraba. Le causó mucho impacto ver a su madre con el pelo completamente blanco y tan angustiada, pues cuando había preguntado por su paradero en el Registro Civil de Barcelona le habían comunicado que constaba como desaparecido en la Guerra Civil.

La comunicación con la familia en los campos era muy complicada y además, la correspondencia tenía que pasar por la censura franquista. Roig pudo mandar las primeras cartas a su madre cuando salió del campo de Septfonds, en otoño de 1939, desde su ingreso en la 24ª CTE, donde estuvo hasta junio de 1940. Desde Mauthausen consiguió mandar algunas tarjetas postales, siendo la última comunicación desde el campo de Ebensee el 13-08-1944. A continuación relacionamos de forma cronológica la correspondencia desde Mauthausen-Ebensee, que hemos podido recuperar del archivo personal de Roig[72]:

10-03-1943: Primera tarjeta postal enviada desde Mauthausen.

Queridos padres y hermanos: Estoy bien y espero lo mismo de vosotros. Abrazos y besos. Antonio Roig.

16-05-1943: Fecha del sello de correos de llegada a Barcelona, tarjeta postal enviada desde Mauthausen.

Recibí vuestra carta alegrándome mucho el saber que estáis bien, yo sigo muy bien. Escribirme mucho. Muchos besos y abrazos. Antonio Roig Llivi.

10-07-1943: Tarjeta postal enviada desde Mauthausen.

Recibí vuestra tarjeta, alegrándome mucho que estéis bien, yo muy bien. Escribirme más extensamente y a menudo. Quien no os olvida. Antonio Roig.

---

72 La correspondencia que mandaban los deportados desde Alemania tenía que pasar además por una doble censura: primero la de la Alemania nazi y después la de la España franquista. Los envíos desde Ebensee siempre se sellaban en el pueblo de Mauthausen.

01-01-1944: Tarjeta postal enviada desde Mauthausen, con sello de recepción en Barcelona el 27-03-1944 (tres meses después).

Querida mamá y hermano: He recibido todas vuestras cartas, alegrándome muchísimo que estéis bien, yo sigo bien, esperando que vosotros también. No hagáis caso de mi tardanza en escribiros, vosotros seguir escribiéndome a menudo y extensamente. Os deseo feliz Año Nuevo y a mamá le mando un fuerte beso el día de mi aniversario. Recuerdos a todos. Muchos besos de este que no os olvida. Antonio Roig.

04-02-1944: Tarjeta postal enviada desde Mauthausen, con sello de recepción en Barcelona el 19-02-1944.

Querida mamá y hermano: espero que al recibo de esta estéis bien. Yo sigo bien. Hace días que no he tenido noticias vuestras escribirme a menudo y extensamente; me gustaría mucho veros aunque no solo en retrato. Dad recuerdos a todos y recibáis de este que no os olvida ni un momento, un fuerte abrazo y besos. Antonio Roig.

17-03-1944: Tarjeta postal enviada desde el campo de Ebensee.

Querida mamá y hermano: He recibido vuestra última tarjeta del 25-01-1944 alegrándome mucho que estéis bien, yo sigo bien. Escribirme mucho y a menudo. Muchos besos. Antonio Roig Llivi.

30-04-1944: Tarjeta postal enviada desde Ebensee, con sello de recepción en Barcelona el 13-05-1944.

Querida mamá, hermano y familia: He recibido vuestras tarjetas igualmente la carta y retrato, causándome tan gran alegría que es imposible escribir. Mi más grande congratulación para Vicente y su esposa. Sé lo orgullosa que estás mamá, el tener una nietecita tan bonita y con ese orgullo agrego el mío. Yo estoy bien. Escribirme a menudo y extensamente. Recuerdos a todos. Muchos besos para todos. Antonio Roig.

11-06-1944: Tarjeta postal enviada desde Ebensee, con sello de recepción en Barcelona el 21-06-1944.

Querida mamá, hermanos y familia: la contestación a mi última tarjeta en la cual os acusaba recibo de la carta con el retrato. Yo bien, esperando que vosotros también. Os deseo un feliz día en el santo

de mamá y la nena. Vicente, escríbeme tu también y extensamente.
Dad recuerdos a todos. Muchos besos para ti mamá y la nena y un
fuerte apretón de mano a Vicente y su esposa. Antonio Roig.

13-08-1944: Última tarjeta postal enviada desde Ebensee, con
sello de recepción en Barcelona el 26-08-1944.

Querida mamá, hermano y demás. Sin noticias vuestras, yo sigo
bien, esperando que vosotros también. Muchos recuerdos a todos y
muchos besos para todos vosotros. Antonio Roig.

En síntesis puede observarse que el redactado debía concretarse en
siete líneas constrictivas en un espacio horizontal de 14,80x7 cm., y
el contenido podía ser poco substancial, dadas las restricciones de la
censura y las instrucciones que encabezaban, en alemán y en castellano, todas las tarjetas con el texto siguiente:

1. El prisionero está autorizado para recibir una vez cada seis semanas, como así como el recibo de la respuesta. (No más de veinti-
   cinco palabras solamente de carácter personal y familiar.) En la
   carta respuesta es permitido adjuntar (Coupon Reponse International) Timbre Moneda.
2. En los envíos de paquetes a los prisioneros está prohibido adjuntar fotografías.

En estas circunstancias, como es evidente, la comunicación postal no
había permitido constatar nada de lo que realmente estaba pasando
en los campos. La censura era implacable y sistemática, especialmente
con las cartas enviadas y recibidas desde el exilio. Era un sistema de
control para reprimir las ideas contrarias al régimen, pero también una
forma de aislar emocional y políticamente a los exiliados de sus familiares. El caso es que en primera instancia, y para evitar sufrimiento a
su madre, decidió no explicar su experiencia en Mauthausen:

> Cuando pude reencontrarme con mi familia me di cuenta de
> que ellos también lo habían pasado muy mal y que tenían mie-

do a causa de la horrorosa represión vivida. Se negaron a saber nada de lo que me había pasado.[73]

Su madre pudo conseguir que un sacerdote de la iglesia de San Lázaro, tras evidenciar el hecho de que su abuela Teresa Termens había hecho donación de unas esculturas a esta iglesia del Raval y previo pago de un importe económico, se prestase a hacerle un documento "de adhesión al régimen franquista" para su hijo Antonio, sellado y firmado por el mismo. Con este certificado pudo establecerse con su familia de nuevo en el Raval, y empezó a trabajar como electricista.

Entonces fue cuando se reencontró con Rosa Gimeno Martínez[74], quien había estado cuidando a su abuela Teresa Termens Idrach, hasta que esta falleció a causa de su enfermedad en febrero de 1938. Por otra parte, existía entre ellos ya entonces un vínculo familiar, pues Rosa era prima de Emilia Gimeno, con quien su hermano Vicente se había casado en 1942.

Antonio y Rosa se casaron en Barcelona el sábado 1 de abril de 1950[75]. Se establecieron en la vivienda de Rosa de la calle Padua número 90 izquierda, de Barcelona, donde ella tenía un negocio familiar, una pollería en la que también vendían huevos y productos de caza. Rosa trabajó en la tienda hasta finales del año 1951[76] y Antonio se dedicaba al montaje de instalaciones eléctricas. Aquí en 1952 nació su hija Rosa María Roig Gimeno[77].

73 Ibídem, Revista *Fonoll*, p. 40.
74 Rosa Gimeno Martínez (Barcelona, 14-04-1923 – 21-02-1991). Era hija de comerciantes del barrio de Sarrià-Sant Gervasi de Barcelona. Sus padres se llamaban Teodor Gimeno Cervera (fallecido el 15-03-1971) y Joaquima Martínez.
75 Según registro en el *Índice de matrimonios* del Ayuntamiento de Barcelona, 01-04-1950. Archivo Histórico de Barcelona.
76 El negocio tuvo licencia a nombre de Rosa Gimeno del 01-01-1051 al 31-12-1951.
77 Rosa María Roig Gimeno (Barcelona, 16-03-1952 – 01-02-1994), con dos años tuvo una fuerte caída por una escalera recibiendo un golpe en la cabeza, que la dejó impedida y totalmente dependiente toda la vida. Falleció a los 42 años , y sus cenizas fueron depositadas en el columbario (Illa Vía Misericordia, agrupación 3a, piso 4) del cementerio de Montjuïc junto a su madre.

Antonio Roig y Rosa Gimeno. Barcelona, 01-04-1950.

Tarjeta de Deportado Político (Carte de Déporté Politique) de Antonio Roig. Ministre des Anciens Combattants et Victimes de Guerre. 25-10-1966 (Archivo A. Roig).

A partir de 1965 se trasladan y el matrimonio fija su residencia en la calle Selva de Mar número 242, piso 3º 2ª, de Barcelona. En estos años Roig trabajó de mozo de almacén y continuó trabajando de electricista cuando su salud se lo permitía. Cuando Rosa consigue un trabajo en la portería de una finca de la calle Clot, del barrio de Navas, se mudan a esta nueva residencia. En 1991 falleció su mujer Rosa Gimeno Martínez y se quedó a cargo de su hija Rosa María, que padecía problemas de salud. Desgraciadamente, en 1994 también falleció su hija Rosa María. Entonces Roig decide trasladarse a la calle Valencia, número 655, entresuelo 1A, del barrio de *El Clot* de Barcelona, el que será su último domicilio.

Roig tenía problemas de salud, pues le habían quedado diversas secuelas físicas de su paso por los campos de exterminio[78]. A consecuencia de las palizas recibidas en Ebensee, le reventaron el tímpano y quedó sordo de un oído; también sufría problemas digestivos y un problema crónico de riñones (por la prolongada situación de caquexia que padeció), y tenía dificultades para respirar. Además, en la pierna izquierda le faltaba un trozo de carne (consecuencia más que probable de los ataques de *Lord*, el perro que le asignaron a su cuidado en Mauthausen y Ebensee).

El hecho de no poder trabajar por problemas crónicos de salud, fue la causa directa de que a lo largo de su vida pasara por dificultades económicas, lo cual se fue incrementando con la edad, hasta encontrarse en una situación paupérrima al final de sus días[79].

En los años 50 y 60, Roig participó en las reuniones clandestinas, las huelgas y las manifestaciones de la disidencia antifranquista, junto a un compañero de deportación de Palamós, Joan Pagés Moret, quien se convertiría en el primer presidente de la asociación

---

78 En España nunca se ofreció asistencia médica especializada para los supervivientes de los campos de concentración, y siguieron sufriendo múltiples necesidades por las secuelas físicas y psicológicas permanentes sin atención adecuada. Aunque Roig sabía que tenía una ficha médica en la que constaba como superviviente del campo de Mauthausen.

79 La única paga que percibía Roig eran 60.000 pesetas al mes de pensión de viudedad, que difícilmente le permitían subsistir, como él mismo declara en una entrevista (El Correo. Panorama. 21-05-2000).

Amical de Mauthausen. Habían vivido juntos el internamiento en los campos de Mauthausen y Ebensee.

La delegación del Amical de Mauthausen en Barcelona nació en 1962 en la clandestinidad, en un restaurante en el que se organizaban reuniones clandestinas en plena dictadura franquista, y Roig formaba parte de la organización. En estos momentos, cualquier acción contra el régimen continuaba siendo muy peligrosa, y la represión actuó contra el superviviente de los campos nazis Joan Pagés, que fue detenido y encarcelado por la policía franquista. Las reuniones de la organización se llevaban a cabo en el Pueblo Español de Barcelona. En la reunión de mayo de 1962 coincidió con su amigo Josep Ester Borrás, superviviente anarcosindicalista de Mauthausen, responsable de reorganizar la CNT (Confederación Nacional del Trabajo) en el interior del campo de Mauthausen. Ester Borrás se convirtió en presidente de la FEDIP (Federación Española de Deportados e Internados Políticos) con sede en todo el territorio francés.

José Ester Borrás y Antonio Roig tuvieron una experiencia similar, ambos pasaron por el campo de represión administrativa de Vernet d'Ariège y coincidieron también en el campo de Mauthausen. Pertenecieron a esa generación de anarquistas que quedó marcada de por vida tras vivir la guerra, el exilio, los horrores de los campos de exterminio... Pero que supieron mantener firmes sus ideales de libertad y su lucha contra el fascismo.

10. Toda una vida de lucha contra el olvido y compromiso por la libertad

Antonio Roig quedó marcado para siempre por las duras experiencias vividas en los campos de exterminio, y además tuvo que sufrir la muerte de su esposa en 1991 y de su hija en 1994, que le dejaron en soledad. Una carga emocional que le acompañó en sus largas noches de insomnio crónico. Pero con un carisma y energía inusuales, supo mantener viva la dignidad de la memoria. Siempre amable y dispuesto, de figura menuda y elegante, con un característico sentido del humor, dejó huella en los que le conocieron.

Siempre estuvo vinculado al Amical; desde sus inicios en 1946, Roig ya era miembro del *Amicale Française de París*, donde tras la liberación pudo reencontrarse con los compañeros de deportación. Entre los cuales Pierre Saint-Macary[80], también deportado de Mauthausen y Ebensee, que sería el Presidente del Amical en los años 80. Su amigo, Émile Valley[81], antiguo combatiente francés de las Brigadas Internacionales en la guerra civil española, deportado a Mauthausen,

---

80   Ver sus memorias en Saint-Macary, P. (2004). *Mauthausen percer l'oubli*. París: Editions L'Harmattan.
81   Émile Valley (Anglefort-Ain, 07-10-1910 – París, 08-08-1999). Miembro de la Resistencia francesa y deportado a Mauthausen el 25-03-1943 con el número 60652. Fue oficial de la Legión de Honor y condecorado con la Medalla de la Resistencia.

y Secretario General del Amical. Y otro de sus grandes amigos, Roger Gouffault[82], combatiente de las Fuerzas Francesas del Interior (FFI), combatiente de la Resistencia, Internado y Deportado (DIR) a Mauthausen y Ebensee. Según testimonio de Roig, Gouffault decía que los españoles le salvaron la vida en los campos nazis austríacos, por lo que se consideraba en deuda con ellos. Después de la guerra proporcionó ayuda y trabajo en sus negocios a los deportados españoles de Mauthausen. Gouffault formó parte de *Amicale française* toda su vida, hasta que murió a los 91 años.

El propio Roig recordaba los orígenes y el sentido de la fundación del Amical[83]:

> La fundación del primer Amical fue en Francia por parte de españoles y franceses que habían estado en los campos nazis y entre 1946 y 1947 ya empieza a funcionar. Su creación fue como consecuencia del juramento que hicimos los primeros, tanto españoles como franceses, que llegamos a Francia después de la liberación. El juramento se puede resumir en una sola frase: "ni olvidamos, ni perdonamos". Y este era el objetivo del Amical. A parte de ser también una organización que aglutinase a todos los afectados para poder beneficiarse de la indemnizaciones que Alemania les debía pagar. El año 1962, los republicanos que habíamos regresado a España, quisimos organizarnos para reclamar las indemnizaciones, pero entonces Alemania ya había cerrado las puertas y poca cosa pudimos obtener. Así fue como se creó aquí el Amical de Mauthausen, integrado hoy por 500 miembros, con la función principal de denunciar la barbarie del nazismo, para que la gente lo conozca y no permita que pueda volver a pasar.

---

82 Roger Gouffault (París, 23-04-1924 – Brive-la-Gaillarde, Corrèze, 03-10-2015). Deportado a Mauthausen número 34534. En noviembre de 1972, en Memmingem, testificó en el juicio del Hauptsurmführer Anton Ganz, comandante de las SS del campo de Ebensee. Ver sus memorias en Gouffault, R. (2008). *Déporté à Mauthausen: Quand nous n'étions plus que des numéros...* Editorial Ecritures.

83 Ibídem, Revista *Fonoll*, p. 40.

El 7 de mayo de 1967 con sus compañeros de deportación. El primero por la derecha Antoni Roig; a la izquierda Joaquim Amat-Piniella, autor de la obra K.L.Reich, y en el centro Joan Pagés (presidente y fundador de la asociación de exdeportados Amical de Mauthausen y otros campos de todas las víctimas del nazismo de España). (Archivo A. Roig).

Díptico de los actos de Conmemoración del XXII aniversario de la liberación. 07-05-1967 (Archivo A. Roig).

Fotografía del archivo personal de A. Roig, realizada el 14 de abril de 1968 (entregada en mayo de 1968), en formato de postal con el pie: "PUEBLO ESPAÑOL, BARCELONA, ESPAÑA". En la cual hemos podido realizar la identificación siguiente:

En la primera fila, el primero por la izquierda es Luís Ballano Bueno (Barcelona, 21-07-1917), deportado núm. 3427 y superviviente de Mauthausen, Ternberg, Vöcklabruck, Sclier y Ebensee. El segundo por la izquierda, el superviviente y secretario de Mauthausen Josep Bailina Sibila (Santpedor, 27-01-1911 - París, 12-12-1984)1. A su lado, por detrás y vestida de negro, su mujer, Pilar Terelles Ribes (Santpedor, 1925).

En el centro de la fotografía, Antonio Roig Llivi (Barcelona, 25-01-1919 - 26-06-2004), Mauthausen núm. 5722. A su lado, por la derecha, el primero es Manuel García Barrado (Toledo, 01-01-1918 - Mauthausen, 05-12-2006), superviviente del campo y conserje del Museo Memorial de Mauthausen; el segundo es Joan Clarà (Superviviente de Mauthausen y amigo de Joaquín Amat-Piniella); el tercero es José Ester Borrás "Minga" (Berga, 26-10-1913 - Alès, Francia, 13-04-1980), presidente de la FEDIP en París, anarcosindicalista de la CNT; y el cuarto es el superviviente Eliseu Villalba Nebot (Barcelona, 04-04-1905 – 12-07-1977)2. La segunda por la derecha: Rosa Gimeno Martínez (Barcelona, 14-04-1923 - 23-02-1991), mujer de Antonio Roig Llivi.

En 1967 Roig participó en la organización de la Asamblea General del Amical de Mauthausen y coincidió con Joaquín Amat Piniella y Joan Pagés Moret supervivientes de Mauthausen, Ternberg y Ebensee. También participa en la organización de los actos de *Con-*

memoración del XXII aniversario de la liberación, con un encuentro y comida el 7 de mayo de 1967 en el Hotel España de Barcelona.

En 1968 Roig también participó en la organización de la *Jornada de Amistad de la Deportación Franco-Española*, en coordinación con la *Amicale Francesa de Mauthausen*. Encuentro que tuvo lugar en Barcelona el 14 de abril, con visita al Pueblo Español. La delegación francesa de la FEDIP y miembros de la Amicale des Déportées de Mauthausen de París asistieron en Barcelona a la Asamblea General celebrada en abril de 1968 en Barcelona. Los deportados supervivientes de Mauthausen en Barcelona organizaron una comida de hermandad para los asistentes en el *Hotel Gaudí* de la ciudad condal.

En mayo de 1968 recibió el reconocimiento del Gobierno francés como deportado político bajo la ocupación nazi de Francia durante la Segunda Guerra Mundial, y le fue impuesta la *Médaille de la Déportation et de l'Internement pour faits politiques* [*Medalla de la Deportación y del Internamiento Político*], otorgada por el *Ministerio de los Antiguos Combatientes*, bajo la presidencia de Charles de Gaulle y siendo el Primer Ministro Georges Pompidou. Desde 1948, el título de "deportado político" otorgaba ciertos derechos, como una pensión de víctima, la compensación por pérdida de bienes, el uso de la Medalla de Deportación y la condición de ciudadano de la Oficina Nacional para Veteranos y Víctimas de Guerra. La medalla simboliza la memoria de las víctimas que padecieron opresión y persecución, el compromiso con los derechos y la libertad, encarna los valores democráticos, de justicia y dignidad humana, y da testimonio de la valentía y la resistencia de quienes lucharon por estos ideales.

El *Amical de Mauthausen y otros campos de todas las víctimas del nazismo* de España reunía a familiares, deportados, viudas, amigos y simpatizantes de los deportados que sufrieron deportación en los campos nazis en la Segunda Guerra Mundial. El Amical nació en la

Acto de imposición de la Medalla de la Deportación y el Internamiento Político, impuesta por representantes del Gobierno de Francia. Antonio Roig el 4º desde la derecha. Mayo, 1968 (Archivo personal de A. Rolg).

Insignia en bronce de la Deportación y el Internamiento Político, diseñada por el grabador Arthus Bertrand (1951), perteneciente a Antonio Roig. 1968 (Archivo personal de A. Rolg). En el anverso: un eslabón de cadena, en cuyo centro se encuentra un mapa de Francia, del que emanan rayos de luz. La inscripción "REPUBLIQUE FRANCAISE" se encuentra en la parte superior de la medalla. En el reverso: La inscripción "MEDAILLE DE LA DEPORTATION ET DE L'INTERNEMENT" rodea un eslabón de cadena roto con las fechas 1940-1945 en el centro. La cinta tiene siete franjas verticales blancas y azules que representan a los deportados, y una franja amarilla en los bordes.

clandestinidad en 1962 y desde entonces funcionaba de forma autónoma. La entidad fue legalizada oficialmente el 8 de diciembre de 1978, con sede social en la calle Aragón número 312 de Barcelona, siendo su primer presidente Joan Pagès Moret[84]. La primera reunión de la asamblea se produjo en Riells del Montseny en mayo de 1978.

Antonio Roig asumió la Secretaría General de la asociación *Amical de Mauthausen y otros campos de todas las víctimas del nazismo de España* desde 1994 hasta el año 2002. Tratándose de una asociación sin ánimo de lucro, cuyo objetivo principal era preservar la memoria de las víctimas, y dar apoyo a los supervivientes y sus familiares. Se convirtió entonces en la cara visible del Amical. Se encargaba de realizar charlas, conferencias en colegios, institutos y universidades; entrevistas en massmedia: prensa, radio, televisión, etc., de ámbito nacional, europeo e internacional, en calidad de secretario de la organización y deportado legítimo del campo de Mauthausen.

En el mes de mayo de 1995, acompañando a la delegación española con motivo del 50 aniversario de la liberación de Mauthausen, Roig visitó el campo central y los campos satélites del mismo y los túneles de Ebensee (Salzkammergut). Acto donde pudo reencontrarse con los compañeros de deportación del Amical de París, como Juan de Diego Herranz[85], deportado en 1940 a Mauthausen número 3156, que entró con el primer grupo de españoles, amigo por quien sentía un gran afecto y un profundo respeto y admiración.

Lector incansable, estuvo influenciado por las obras de Heleno Saña publicadas en editoriales de la ciudad condal en la década de los setenta y ochenta principalmente. Además, en aquellos años

---

84   Joan Pagès Moret (Palamós, 01-04-1917 – Barcelona, 23-12-1978). Deportado de Mauthausen número 4238.

85   Juan de Diego Herranz (Barcelona, 16-05-1915 – 09-05-2003). Sus memorias póstumas en: De Diego Herranz, J. i Urraca de Diego, E. (2005). *Besos y abrazos desde el infierno.* Valencia: Editorial Vinateca.

Roig ante el monumento
«Homenaje a los 7.000
Republicanos Españoles muertos
por la libertad», construido por
subscripción popular. Campo de
Mauthausen, 1995.

Antonio Roig (izquierda),
Manuel García (centro)
y Antonio Muñoz Zamora (derecha)
en los Actos del 50 Aniversario de la
Liberación del Campo de
Mauthausen, 1995. Archivo A. Roig.

participaba de forma activa en las actividades organizadas por el *Ateneo Enciclopédico Popular* de Barcelona.

Dedicó gran parte de su vida a explicar su testimonio a las generaciones futuras en Cataluña, en España y en Europa, de la verdad de lo que realmente vivió en primera persona durante los cuatro años y cuatro meses que pasó en los campos y *komandos* de Mauthausen en Austria.

Gracias al trabajo de Antonio Roig como Secretario de la asociación *Amical de Mauthausen y otros campos de todas las víctimas del Nazismo* de España, la organización consiguió presencia y reconocimiento nacional e internacional. Sus gestiones permitieron la obtención de recursos, como la incorporación en el *Programa de Actuaciones Cívicas y Sociales* de la Generalidad de Cataluña[86]. Se preparó una gran expo-

86   Dirección General de Acción Cívica de la Generalitat de Catalunya. *Programas de Actuaciones Cívicas y Sociales.* Documento firmado por el Director de Acción Cívica Josep Lluís Cleries González. El Amical obtuvo una subvención de 300.000 pesetas (05-01-2001).

Antonio Roig en la Universidad de Barcelona, 9-12-1998
(fotografía: Eva M. Martínez, Archivo A. Roig).

sición del Amical de Mauthausen titulada *"Exilio, resistencia y depor-*
tación", que Roig fue presentando de forma itinerante allí donde le
requerían[87]. Siempre dispuesto, concedió todo tipo de entrevistas en
prensa, radio y TV[88]. Presentó conferencias allí donde era solicitado[89].
Colaboró con Jordi Ribó y David Bassa en el libro "Memoria del
infierno"[90]. Participó en jornadas culturales locales, como la *VIII Jor-*

87 Referencias de la exposición del Amical de Mauthausen en el Centre Cívic de
les Drassanes, 1996; en el Museu de la Pell de Igualada, 1999; en el Ayuntamiento de
Argentona (El Maresme), 07-05-2001; y presentación de la exposición en la Capella
de l'Antic Hospital de Barcelona.

88 Ver en *Referencias bibliográficas y documentales.*

89 Como la registrada por el Ayuntamiento de Roquetes, "Conferència a càrrec
d'Antoni Roig, supervivent de Mauthausen" (05-2000); y la conferencia que realizó
en Juneda (Lérida, 16-04-2000), a raíz de la cual concedió una entrevista publicada
en la revista *Fonoll* (noviembre-diciembre, 2000).

90 Bassa, D. y Ribó, J. (2002). *Memòria de l'infern*. Catàleg de l'exposició al Museu
de Granollers del 22 de març al 12 de maig de 2002. Libro editado con el título:
Memòria de l'infern. Els supervivents catalans dels camps nazis. Barcelona: Edicions 62.

nada Cultural de Alòs de Balaguer[91]; y en proyectos de investigación internacionales, como el "Projet de la Documentation des Survivants de Mauthausen", dirigido por el Dr. Gerhard Botz, del *Institut Ludwig Boltzmann des Sciences Sociales Historiques*; y el *"Groupe de Travail ADRA&IRC"*, dirigido por la Dr. Anne-Marie Granet-Abisset, de la *Université Pierre Mendes de* Grenoble (Francia).

Pero sobre todo buscó la complicidad de los más jóvenes y asistió a una multitud de actos culturales y centros educativos para impartir conferencias. Era realmente incansable, llegó incluso a participar hasta en tres actos en un mismo día[92]. Solamente repasando agenda, en una entrevista de 1999, explicaba que había estado en la inauguración de la Plaza Anna Frank de Barcelona (13-02-1998), en un acto de memoria en el Fossar de la Pedrera de Montjuïc (18-10-1998) y en la explicación guiada de la exposición del Amical de Mauthausen en la Universidad de Barcelona (09-12-1998), la cual llevaba al *Museu de la Pell* de Igualada (11-05-1999) y después a Sant Andrià. Otra exposición más pequeña la lleva a Sabadell (15-04-1999) y a Almería (05-05-1999). También una charla en la Capilla de Sant Caralleu de Sarrià (03-05-1999). En el mismo día, la Fiesta de la Diversidad (08-05-1999), una charla en la escuela de Esplugues (08-05-1999); y un acto homenaje a Bielsa[93] en la Asociación de Guerrilleros (08-05-1999). Después, otra charla en una escuela de Vilassar de Mar (22-05-1999), unas conferencias en Manlleu (24-04-1999) y en Granollers (13-05-1999), y tenía

91   *VIII Jornada Cultural* de Alòs de Balaguer (09-10-1999), donde impartió una conferencia y proyectó la película "Noche y niebla", de Alain Resnais (1955).

92   Ibídem, entrevista E. Martínez, 1999.

93   Lluís Martí Bielsa (Gallur, Aragón, 06-12-1921 – Santa Cruz de Moya, Cuenca, 06-10-2019). Participó en la Resistencia francesa y enviado al campo de concentración de Dachau, de donde pudo escapar. Como oficial de las Fuerzas Francesas del Interior participó en la liberación de París en 1944. Fue el presidente de la Asociación de Guerrilleros de Francia. La asociación tenía sede en la calle Fontanella de Barcelona (junto a Plaza Cataluña). Era amigo de Roig.

cita con la comunidad judía para recordar el día del Holocausto (14-05-1999).

En su archivo personal conservó la correspondencia y los agradecimientos de los siguientes centros educativos donde había impartido charlas:

- Colegio Sant Pere Chanel. Malgrat de Mar. 04-03-1999.
- Escuela de Arte Ondara. Tàrrega (Lérida). 04-03-1999.
- Instituto Montserrat Roig. Sant Andreu de la Barca. 11/12-03-1999.
- Instituto Sta. Eulàlia. L'Hospitalet de Llobregat. 05-1999.
- Escuela de Vilassar de Mar.
- Instituto Rubió i Ors. Sant Boi de Llobregat.
- CELL. Centre d´Estudis Llobregat. El Prat de Llobregat. 08-01-2001. Donde colaboró en los trabajos de investigación.
- S.E.S. Sant Quirze de Besora. 22-01-2001.
- Instituto de Sant Hilari Sacalm. 23-01-2001.

En estos años y desde 1994, Roig era el secretario de organización del Amical, nunca quiso ser el presidente. Desde 1991 hasta el 2003 el Presidente era Joan Escuer Gomis[94]. Fue también cuando Rosa Torán Bellver[95] llegó al Amical de la mano de Josep Zamora Guiu, amigo de Roig y familiar de deportado muerto en Gusen. Como hemos explicado, para Roig fueron años de intensa actividad. Pero también, a partir del año 2000, Roig vivió episodios muy duros dentro de la organización, y empezaron a manifestarse tensiones

---

94 Joan Escuer Gomis (Cornudella del Montsant, Tarragona, 16-11-1914 – Sentmenat, 15-12-2004). Entró en el PSUC en 1936. Superviviente de Dachau, y exiliado en Normandía tras la Segunda Guerra Mundial.

95 Rosa Toran Bellver (Manresa, 05-11-1947- El Masnou, 30-06-2023), era entonces una profesora manresana desconocida por todos en el Amical, con quien coincidieron en una exposición de Sant Boi de Llobregat, y donde se presentó como historiadora y familiar de un tío abuelo muerto en Gusen que no conoció, Bernat Torán. Fue presidenta del Amical del año 2006 al 2013.

internas entre Roig y Escuer[96]. Además, tenían visiones diferentes de la gestión del poder en la organización, pues Escuer desde joven simpatizó con organizaciones comunistas y en 1936 ingresó en el PSUC. Mientras que Roig, en cambio, era anarquista, y había sido militante de CNT desde 1936. El enfrentamiento ensañó a la directiva contra Roig, hasta que en el año 2002 consiguieron apartarle del Amical, con acusaciones que se demostró que eran completamente falsas[97]. Pero el daño moral estaba hecho.

Fue entonces, en el año 2002, cuando Enric Marco Batlle[98] substituye a Roig en la Secretaría de Organización del Amical. La primera toma de contacto de Marco había sido en la Asamblea General celebrada en Terrassa el 2 de abril de 2000, donde se presentó como socio, con chándal y zapatos deportivos. También en este primer momento se dejó ver en la inauguración del Monumento a los deportados asturianos de Gijón, el 24 de febrero de 2001. Era visiblemente más joven y con buena forma física, muy diferente a la de los compañeros que sí fueron deportados. Además, su discurso no parecía sincero, ofrecía serias dudas. A nivel interno despertó sospechas el hecho de que le fuera denegada la indemnización de los fondos europeos de compensación económica destinados a las víctimas del nazismo. Pero aun así, este impostor infiltrado sin es-

---

96 A raíz de la publicación de una entrevista a Roig en el diario Avui (2000), en la que explicó lo que le ocurrió a los judíos holandeses en la cantera de Mauthausen. Escuer le recriminó sus declaraciones y Roig le acabó diciendo que él no tenía ni idea de lo que se vivió porque él solo había pasado unos meses en Dachau hacia el final de la guerra.

97 Roig fue injustamente acusado de una supuesta apropiación de un dinero del Amical, que más tarde se demostró que era completamente falsa y que sí implicó a otro miembro de la junta del Amical. Estos hechos no se hicieron públicos, nada comunicaron a los antiguos deportados ni a los familiares. Oficialmente, Rosa Torán atribuía el hecho de la retirada de Roig del Amical a problemas de salud, siendo todo un montaje para mantenerle al margen de la organización.

98 Enric Marco Batlle (Barcelona, 12-04-1921 – 21-05-2022). Falso deportado de Flossenbürg con el supuesto número 6448 (Konzentrationslager Flossenbürg), identidad que suplantó del deportado figuerense exiliado en Francia, Enric Moner Castells.

Segunda y última visita de Antoni Roig al campo de Mauthausen. Mayo de 2000.

crúpulos, consiguió acceder a la Presidencia del Amical desde 2003 a 2005. Siendo desenmascarado antes de los actos conmemorativos del 5 de mayo de 2005, en una reunión express organizada por Rosa Torán y los miembros de la Junta que estaban presentes, quienes comunicaron a Enric Marco que su presencia en los actos conmemorativos no tendría lugar y le obligaron a volver a Barcelona.

Roig por su parte, ya fuera del Amical y a pesar de todo, cuando su salud todavía se lo permitía, a partir de 2002 decidió continuar a título personal con su labor. En ese mismo año realizó la que sería su última conferencia, para los alumnos del Liceo Francés de Madrid, en un chateau de Perpignan (Francia), acompañando su visita a los campos de Argelès-sur-Mer y Rivesaltes, y siguió luchando hasta el final.

Resulta cuanto menos irónico que, antes de salir del Amical en el año 2001 y para que los compañeros pudieran beneficiarse, él había gestionado la petición de las primeras ayudas de fondos europeos a las víctimas de la deportación y el nazismo. Roig no había

Antonio Roig en la inauguración de la Biblioteca Francesc Boix
del Poble Sec. Barcelona, 2002 (Archivo A. Roig).

recibido ningún tipo de indemnización en toda su vida y esta le fue
reconocida. Así pudo cobrar en el año 2002 un dinero con el que se
compró una nevera. De sus gestiones en este sentido años antes, él
mismo bromeaba[99]:

> Para las indemnizaciones han creado un Fondo [en Europa]
> con muchos millones y hemos hecho una lista con todas aque-
> llas personas que tienen derecho a cobrar estas indemnizacio-
> nes. Supervivientes, ex-deportados y viudas. En España a los
> comunistas y socialistas no les ha interesado y España no nos ha
> indemnizado en nada. Veo muy difícil que el gobierno español
> pague algo. Lo veo muy difícil. Muy difícil. Todo ha quedado en
> agua de borrajas, Franco no hizo nada, y los demás tampoco lo
> han hecho. Según la ley alemana a primeros de septiembre de
> este año debe estar arreglado. Ya veremos. Pronto nos enterra-
> rán en un Panteón...

99 Ibídem, entrevista de Martínez, E. (02-04-1999).

En 2002 se inauguró la Biblioteca Francesc Boix en el barrio de Poble Sec (Barcelona), al que Roig asistió. Ambos iban en el mismo tren que los condujo a Mauthausen, donde entraron el 27-01-1941, y sentía por él un gran afecto.

Antonio Roig Llivi murió el 24 de junio de 2004 a consecuencia de un cáncer linfático, en la clínica Barceloneta. Tuvo una sencilla y emotiva despedida en el Tanatorio de Sancho de Ávila, sin misas ni crucifijos, ni símbolos eclesiásticos, y su cuerpo fue incinerado en el Cementerio de Montjuïc de Barcelona.

Ésta es su historia.

Entrevista de Arévalo, I., Clavero, J., Cornellá, J., Momblán, D. [Marc Santboià] (2002). *Antoni Roig persona íntegra i model de dignitat.*
Disponible en santboi.tv

Referencias bibliográficas y documentales

BIBLIOGRAFÍA Y HEMEROTECA

– Association of Disabled Veterans of Fight Against Nazism (1977), núm. 170, p.3 (Central Committee-Tel-Aviv-Jaffa).

– AAVV. (2004). *Livre-mémorial des déportés de France arrêtés par mesure de répression et dans certains cas per mesure de persécution 1940-1945*. París: Éditions Tirésias, p.III-1223.

– Bassa, D. y Ribó, J. (2002). *Memòria de l'infern*. Catálogo de la exposición en el Museo de Granollers del 22 de març al 12 de maig de 2002.

– Bassa, D. y Ribó, J. (2002). *Memòria de l'infern. Els supervivents catalans dels camps nazis*. Barcelona: Edicions 62.

– Bermejo, B. y Checa, S. *Españoles deportados a Campos de Concentración Nazis (1940 – 1945)*. (2006). Madrid: Ministerio de Cultura.

– Bulletin de l'Amicale de Mauthausen (2004). París.

– De Diego Herranz, J, i Urraca de Diego, E. (2005). *Besos y abrazos desde el infierno*. Valencia: Editorial Vinateca.

– Diario *La Vanguardia "Revista del Domingo"* (Los fantasmas de Pedro Varela), pp. 10-11, publicado el 22/11/1998. Barcelona.

- El País (2004). *Antonio Roig, fundador de la filial de Amical de Mauthausen en Barcelona.* Diario independiente de la mañana. Madrid.
- El Periódico de Cataluña. Barcelona (2004). *Carta del Claustro del profesorado del IES Fransesc Ferrer i Guàrdia.* Sant Joan Despí.
- El Punt, *Presència,* núm. 1525, 20/05/2001. Año XXXVI.
- El Correo, *"Panorama"* Suplemento del domingo, 21 /05/2000.
- El País, *Agenda, Necrológicas. Antonio Roig fundador de la filial del Amical de Mauthausen de Barcelona,* 28/06/2004.
- El Semanal, *"Españoles esclavos de los nazis",* núm. 698. 11/03/2001, p. 24-31.
- Gouffault, R. (2008). *Déporté à Mauthausen: Quand nous n'étions plus que des numéros...* Editorial Ecritures.
- Mayans Costa, M. (2009). Testimoniatges i memòries (1936-1945): Una nit tan llarga. Barcelona: Cossetània Edicions.
- Regards, *"Mauthausen".* 01/07/1945. Órgano del PCF (Partido Comunista Francés).
- Regards, *"Les Déportés Accusent...A Nuremberg La France demande justice"* 08/02/1946. Òrgan del PCF (Partit Comunista Francés).
- Revista *Fonoll* (Noviembre-Diciembre, 2000). *"Entrevista a Antoni Roig, secretari de l'Amical de Mauthausen",* por Amanda Soto y Núria Alamon, núm. 113, p. 37-40.
- Revista Tot Sant Cugat (14-20 abril 2001). *L'educació, responsabilitat col·lectiva en una societat oberta i plural,* núm. 759, p.64.
- Revista Sió (juny 2004). Antoni Roig, testimoni viu de Mauthausen, por R. Bernaus y J. Puig, pp. 27-30.
- Saint-Macary, P. (2004). *Mauthausen percer l'oubli.* París: Editions L'Harmattan.
- Wingeate Pike, D. (2003). *Españoles en el Holocausto. Vida y muerte de los republicanos en Mauthausen,* Barcelona: Mondadori Editorial. Col. Arena Abierta, p. 511, 618.

FONDOS DOCUMENTALES

- Arge-Schlier, Asociación, Aussenlagers Schlier-Redl Zipf (Áustria).
- Archiv Zentrale der Konzentrationslager Mauthausen. (Viena)
- Archivo del Memorial de Ebensee. Ebensee, Austria. AMM H/12/02
- Archivo del Memorial de Mauthausen. Mauthausen, Austria. AMM Y50-1; AMM B/53/2
- Archivo Histórico del Amical de Mauthausen de Barcelona.
- Archivo personal de Antonio Roig Llivi.
- Archivo Municipal de Barcelona (AMB).
- Archivo Municipal Contemporáneo de Barcelona (AMC).
- Arolsen Archives – International Center on Nazi Persecution; Bad-Arolsen, Federal Republic of Germany.
- BMI: Bundesministerium für Inneres (Vienna) Osterreich.
- DÖW: Dokumentationsarchiv des österreichischen Widerstandes (Wien).
- Gedenkstätte Memorial Museum Ebensee (Austria) Director: Wofgang Quatember.
- Gedenkstätte Memorial Museum Konzentrationslager Mauthausen (Austria).
- I.T.S Archives Arolsen/Bad Arolsen (Alemania).
- Mémorial Alsace-Moselle (Mélanie Alves Rolo).
- Osterreich. Lern-Und Gedenkort Schloss Hartheim (Alkoven) Osterreich.
- Stadtarchiv Hannover. (Alemania).
- Service Historique de la Défense (SHD). Division des Archives des Conflits contemporains (DAVCC), Ministère des Armées, Caen (Francia).

WEBGRAFÍA

– Ayuntamiento de Roquetes. Biblioteca Digital de Roquetes. "Conferència a càrrec d'Antoni Roig, supervivent de Mauthausen" (05-2000). Referencias en: https://www.bibliotecaroquetes.cat/items/show/7122

– Memorial Democrático. Banco de la Memoria Democrática. Fuente: ID614. Deportados catalanes y españoles en los campos nazis. Última modificación: 2023-06-30 13:09:52. Referencias en: https://banc.memoria.gencat.cat/es/results/deportats/614

– Republicanos Deportados Amical de Mauthausen y otros campos (2025). Referencias de Antoni Roig Llivi en: https://republicanosdeportados.org/ca/deportados/antoni-roig-llivi/

– Schloss-Hartheim (2025). Referencias en: https://www.schloss-hartheim.at/

DOCUMENTOS AUDIOVISUALES

– Entrevista para el programa *Línea 900. El deber de recordar,* TVE-2 (2000).

– Entrevista de G. Oller y X. Roca en el Programa *"Tenim Temps"*, Radio *Ona Catalana* (23-12-2000).

– Entrevista de Arévalo, I., Clavero, J., Cornellà, J, Momblán, D. [Marc Santboià] (2002). *Antoni Roig persona íntegra i model de dignitat. Disponible* en *santboi.tv*

Anexos

Transcripción de la noticia del Diario La Publicidad, lunes 16-03-1908, núm. 10900, pp. 1-2.

La explosión

Sería la una y diez minutos de la tarde de ayer, cuando una formidable detonación que partía de las islas nuevas del mercado de San José, sembró la alarma y espanto en todos los que por allí se encontraban.

Acudieron presurosos vendedores, guardias y público al lugar, en cuestión y un horripilante cuadro se presentó a su vista.

En la sección de las llamadas Islas Nuevas, la mesa número 11 de la fila séptima de la isla tercera, se hallaba completamente destrozada y, entre el informe maderamen, fueron encontradas unas pobres mujeres que proferían desgarradores gritos de dolor. La terrible pregunta que se había hecho el público, fue muy pronto contestada.

No se trataba de un accidente casual, sino de un nuevo crimen que manos infames habían perpetrado.

Un explosivo había sido colocado debajo de la mesa 11, propiedad de Teresa Termens, y había estallado, produciendo una horrible catástrofe.

Las víctimas

En brazos de unos guardias y paisanos fueron trasladadas las mujeres heridas a los cercanos dispensarios.

Una pobre mujer, vendedora ambulante, llamada Vicenta López Gálvez, cuyos míseros vestidos estaban destrozados y que dejaba a su paso un reguero de sangre, fue trasladada inmediatamente al dispensario del Hospital de la Santa Cruz.

En el benéfico establecimiento, le fueron apreciadas, a la infeliz mujer, la fractura con minuta de la tibia y peroné de la pierna izquierda, con la pérdida de los tejidos blandos. La hemorragia que producían las gravísimas heridas, era intensísima, perdiendo fuerzas y conocimiento la infortunada víctima.

Los ayes y lamentos que al ser recogida del suelo la paciente por los humanitarios vendedores profería, habíanse trocado en débiles quejidos, apenas perceptibles, al ser colocada en la mesa de operaciones del dispensario.

El estado de la víctima asumía extrema gravedad. Después de habérsele practicado una primera cura en la que se procuró atajar la hemorragia y vigorizar a la paciente, se procedió a amputarle la pierna izquierda, con el fin de evitar la gangrena.

Le fueron extraídos varios cascos de la bomba. A las dos y media de la tarde se había practicado la operación. A las seis menos cuarto de la tarde, viendo los médicos que se temía un fatal desenlace, se ordenó al párroco del hospital, que le administrara la unción.

La desgraciada Vicenta López ocupó la cama número 25 de la Sala del Beato Oriol. La víctima se ganaba el sustento ayudando a las vendedoras del mercado y limpiando los mármoles de las mesas de venta.

Procedía a la limpieza de la mesa número 11 de la citada sección cuando estalló el explosivo que le causó tan graves heridas.

Como fácilmente puede suponerse, la vida que llevaba la infortunada Vicenta López, no era muy desahogada.

Estaba domiciliada en la casa número 13 de la calle de las Ejipciacas. Contaba setenta años de edad y era viuda. En el dispensario municipal del distrito de la Universidad, sito en la calle de Sepúlveda, fue convenientemente auxiliada una vendedora ambulante, llamada María Rodríguez García, de 25 años de edad, que presentaba heridas por desgarro en el brazo y hombro izquierdo y un fuerte ataque nervioso. Fue cuidadosamente atendida por el personal médico del dispensario siendo calificadas de pronóstico reservado las heridas que presentaba la paciente. Después de haberse practicado a esta la primera cura fue trasladada en una camilla a su domicilio, calle de San Gil, número 8, piso tercero, puerta segunda.

Practicaron la traslación los individuos camilleros de la institución la Cruz Roja, números 97 y 115.

La María Rodríguez, que es viuda, vive en compañía de una hija suya de unos cinco años de edad, en la mayor miseria.

La escena que se desarrolló entre madre e hija al ser aquella trasladada a su domicilio a fue desgarradora conmoviendo a todos cuantos la presenciaron.

También fue auxiliada en el mismo dispensario otra vendedora ambulante llamada Tomasa Crespí Banús, de 51 años de edad, viuda, que presentaba una herida en la región parietal derecha y otra en la región temporal del mismo lado.

A semejanza de su predecesora, fue trasladada más tarde la paciente a su domicilio sito en la casa número 90, piso 2º, puerta 2ª, de la Ronda de San Antonio. El estado de la herida ofrece relativa importancia.

En el dispensario de la calle de Barbará fue curada de primera intención otra vendedora ambulante llamada Concepción Fernández Saguez, de 60 años de edad, que presentaba una herida por desgarro en la región escapular izquierda.

Por el médico y practicantes de guardia de dicho establecimiento benéfico, le fue extraído de la mencionada región, un casco de bomba, de unos catorce milímetros de grueso.

Como las anteriores heridas, ésta era también vendedora ambulante de ajos, alcachofas, perejil y otras pequeñas mercancías.

Fue más tarde trasladada a su domicilio sito en la calle Sarriá, número 12, bajos esquina de la plazoleta de Teixidó del barrio de Hostafranchs.

También le fue curada una contusión que presentaba en la mano izquierda, en el dispensario de la calle de Sepúlveda, a Juan Bautista Morales, domiciliado en la Calle del Arco del Teatro, número 38, piso 5º. La herida fue calificada de pronóstico leve.

En la farmacia que el Doctor Gorgot posee en la Rambla de Las Floras, fue convenientemente auxiliada, de un síncope, la dueña de la mesa número 11, en donde hizo explosión la bomba, llamada Teresa Termens Idrach.

Después de haber sido auxiliada pasó a su domicilio en la Plaza del Padró, número 3, piso 2º.

Cerca de la mesa donde estalló el explosivo se hallaba, uncido a un carro, un caballo, que cayó al suelo, acribillado por varios fragmentos de la bomba. El caballo fue trasladado más tarde al matadero. Era propiedad de D. José Gay, vecino de la barriada de Gracia, domiciliado en la casa número 5, de la Calle de La Virtud.

La mesa número 11, en la que estalló la bomba, quedó completamente destrozada y su inmediata que está dedicada a la venta de aceituna sufrió grandes desperfectos. En el suelo se veían grandes manchas de sangre.

Otra bomba (¿)

Cuando mayor era la desolación e indignación de parte del público, alguien dio voces que bajo de la mesa de cortar núm 6, de la misma isla, se hallaba depositado un bulto sospechoso. El pánico que se originó fue indescriptible. Gracias a la serenidad de los Guardias municipales que habían acudido a prestar sus auxilios, pudo renacer el orden.

Se estacionó un ancho y largo cordón de guardias civiles, agentes de seguridad, guardias municipales y urbanos que describieron un amplio cerco y mantuvieron alejado al público del lugar en donde se había encontrado el alarmante hallazgo. Fue avisado el carro blindado que para estos casos mandó construir el Ayuntamiento y éste compareció a la media hora de haberse recibido la urgente orden en las cocheras del Picadero Americano.

El objeto sospechoso fue cuidadosamente trasladado al vehículo y salió en dirección al Campo de La Bota.

En dicho parque militar será hoy sometido a explosión en los morteretes destinados al efecto.

En el lugar de los hechos estuvieron el Gobernador civil, el alcalde interino, Sr. Puig y Alfonso, el teniente alcalde del distrito, concejal Sr. Rovira, el superior de la guardia municipal Sr. D. Cruz Mendiola, el jefe de la Guardia Urbana, Sr. Salamí, el teniente de seguridad el Sr. Degorgue y varios jefes y oficiales de la guardia civil y de seguridad.

Numerosas fuerzas de individuos de la guardia municipal, civil, urbana y de policía, cuidaban el orden.

En todas las bocacalles que conducen al Mercado de San José se colocaron varias parejas de seguridad que impedían que los curiosos penetraran en aquellos sitios.

El Juzgado

El Juzgado de guardia en funciones que era el del distrito de La Lonja, comenzó sus servicios de investigación a las dos y cuarto de la tarde.

Actuaba como juez el que lo es por aquel distrito, D. Mariano Izquierdo. El juzgado se incautó de varios fragmentos de la bomba. Uno de ellos tenía un espesor de unos veinte y siete milímetros y era de hierro colado.

El juez tomó declaración a varios de los heridos y a varios empleados del mercado.

Medida previsora

Se supone que el explosivo fue colocado en la noche del pasado sábado o en la madrugada de ayer, hora en que están completamente abandonados aquellos lugares, en el espacio libre que deja el suelo y la parte inferior de la tarima que sostiene la mesa.

A fin de evitar en lo sucesivo puedan ser colocados en la forma citada tales explosivos, el alcalde accidental ha ordenado ha los vendedores que tapen ú obstruyan el hueco libre que deja la tarima. Los infractores de dicha orden serán severamente castigados con multas.

Visitando a los heridos

Por la tarde el alcalde accidental Sr. Puig y Alfonso y el teniente de alcalde por aquel distrito, Sr. Rovira visitaron a los heridos en sus domicilios. Se ordenó al Jefe del Cuerpo Médico Municipal que asistiera a los heridos y a la Mayordomía del Ayuntamiento que socorriera a María Rodríguez en su perentoria situación.

Algunas almas compasivas depositaron óbolos para que llegaran al destino de aquella. Desde hoy será doblada la vigilancia en el mercado de San José.

El gobernador

No trataba de ocultar el decaimiento moral de que estaba invadido anoche el gobernador cuando le visitamos en su despacho. Es horroroso lo que pasa a esta ciudad. Solo se confía en la casualidad. Los trabajos de la policía son impotentes para descubrir a los miserables terroristas. Nos conmovieron profundamente las lágrimas que vimos resbalar por las mejillas de las vendedoras del mercado de San José, a poco de haber ocurrido la explosión. El cuadro desolador pudo presenciarlo el Sr. Ossorio cuando allí estuvo. Se comprende el decaimiento moral de que estaba poseído anoche.

Un detenido

Nos dijo el Sr. Ossorio que por la mañana fue detenido un sujeto que fue sospechoso a la policía, aun cuando no existe cargo alguno directo contra el detenido, que es extranjero y cuyo nombre omitimos por no perjudicarle, en caso de ser inocente.

El tal individuo, que es conocido por la policía, se hallaba por la Plaza de mercado de San José cuando ocurrió la explosión y la policía lo detuvo. Ha sido interrogado por el Inspector general y anoche seguía en el gobierno civil.

Transcripción de la noticia del Diario de Tarragona. Diario político, órgano del Partido Liberal Conservador de la provincia. Martes 17 de Marzo 1908. Núm. 1541, apartado "Anexos". En relación al atentado con bomba del 15 de Marzo de 1908.

Continúan las Bombas

A la una de ayer tarde estalló una bomba que había sido colocada, situada en el Mercado de San José, isla tercera, fila séptima, número once, propiedad de Doña Teresa Termens Idrach, la cual hacía poco rato que terminada la labor cotidiana la había abandonado, dejando en ella á una pobre mujer conocida en el mercado con el sobrenombre de "La Abuelita", que la estaba limpiando.

Esta pobre anciana llamada Vicenta López Gálvez, de setenta años de edad, viuda, habitante en la calle de Egipciacas, número 13. Resultó con gravísimas heridas en todo el cuerpo y la pierna izquierda horriblemente mutilada.

Conducida al hospital, fue preciso amputarle el miembro herido, inspirando su estado tan serios cuidados que se dispuso le fuesen administrados los últimos sacramentos.

En el benéfico establecimiento fue visitada por las autoridades y por un gran número de vendedoras de la plaza entre las que contaba con grandes simpatías, pues casi todas ellas utilizaban sus servicios para limpiar los puestos de venta.

A consecuencia de la explosión sufrieron también heridas las siguientes mujeres:

Tomasa Crespi Banús, de 51 años, viuda, habitante en la Ronda de San Antonio, 90 2º2ª, presenta una herida contusa con magullamiento de tejidos en la región parietal, temporal derecha, de pronóstico reservado, de la que fue auxiliada en la casa de socorro de la calle de Barbará.

Concepción Fernández Sagués, de 60 años, viuda, vendedora ambulante de hortalizas, habitante en la Plaza de Teixidor, número 12, bajos. Sita en la calle de Sarriá de la barriada de Hostafranchs; sufre una herida en la parte externa de la región frontal externa izquierda, de pronóstico reservado, de la que se le extrajo un fragmento del casco de la bomba, en la casa de socorro de la calle de Barberá, donde fue auxiliada por el doctor Cintrón. María Rodríguez García, de 25 años, viuda, también vendedora ambulante, domiciliada en la calle de San Gil, número 18, 3º2ª; fue curada en el dispensario de la calle de Sepúlveda de heridas contusas de pronóstico reservado, en el hombro y brazo izquierdos. En el mismo dispensario fue auxiliado más tarde un hombre que dijo llamarse Juan Bautista Morales, de 75 años, habitante en la calle del Arco del Teatro, número 38, piso 3º, que presentaba una herida contusa producida por un casco del explosivo. En las farmacias próximas al lugar de la ocurrencia fueron asistidas muchas señoras, entre ellas, la dueña del puesto donde estalló la bomba, que sufrieron síncopes á consecuencia del susto recibido, que como es natural, fue considerable entre las vendedoras y demás concurrentes al mercado.

Resultó también herido en sus cuartos traseros el caballo que estaba uncido a una tartana, propiedad de Don José Gay, que acertó a pasar por la calle de Jerusalén, en aquellos momentos.

Los desperfectos materiales causados por la bomba no guardan relación con la resistencia que debió ofrecer la parte exterior de la misma, lo cual hace presumir que la carga no la componían substancias de una gran fuerza explosiva.

La mesa donde estalló, quedó bastante destrozada y algunos de los puestos próximos con varios desperfectos.

Como hemos indicado, se supone que la bomba la depositaron en el hueco formado entre la tarima del puesto y el suelo, debajo del sitio en donde está el cajón el cual guardaba todavía la propietaria de la mesa el producto de la venta; al estallar produjo un hoyo de un palmo y medio de profundidad por otro de diámetro en el pavimento. Se encontraron varios fragmentos del casco, que son de hierro fundido, algunos de ellos de cerca de tres centímetros, de grueso. También se encontraron dos fragmentos de dos billetes de 25 pesetas, cuatro duros en plata, uno de ellos abollado y varias monedas de una y de dos pesetas, procedentes de la cantidad que la Teresa guardaba en el cajón y que como hemos dicho todavía no había recogido.

Acudieron al indicado sitio el gobernador civil señor Ossorio; el alcalde accidental señor Puig y Alfonso; los concejales, señores Nello, Pinilla, Peris y otros que sentimos no recordar.

El señor Ossorio ordenó que se efectuase una detenida inspección en los otros puestos del mercado por si habían sido depositados otros explosivos; la diligencia dio por resultado el hallazgo de un objeto sospechoso, del tamaño de una lata grande de conservas, envuelto en papeles, que estaba colocado debajo de la mesa número 6, de la misma isla propiedad de Angela Gual.

El indicado artefacto fue recogido por el guardia de seguridad señor Gutiérrez y retirado de aquel sitio, siendo más tarde conducido al Campo de La Bota en el carro blindado.

Al anochecer llegó el citado vehículo al Campo de La Bota, no habiendo ocurrido novedad durante el camino.

El gobernador manifestó anoche que cerca del lugar del suceso, y á poco de ocurrir éste la policía detuvo á un sujeto de nacionalidad extranjera, cuya detención fue debida, á ser aquel conocido como sospechoso, pero que por el atentado de ayer no había ningún cargo concreto contra él.

También habló de un registro que debía efectuar la policía, mostrándose muy poco optimista acerca del resultado del mismo.

El alcalde accidental señor Puig y Alfonso, dispuso creyendo que la Comisión de Hacienda no se opondrá a ello que inmediatamente sean tapados todos los agujeros de las mesas de los mercados.

Por la tarde, dicha autoridad, acompañada del concejal Perís visitó en sus domicilios a las heridas María Rodríguez y Concepción Fernández, habiendo dispuesto que por el cuerpo médico municipal se les facilite toda clase de auxilios, pues parece que ambas, especialmente la primera, se encuentran en situación muy precaria.

Durante la tarde la policía continuó practicando un minucioso reconocimiento en los Mercados de San José y Jerusalén, no encontrando ningún objeto sospechoso. De la instrucción de las primeras diligencias judiciales, se encargó el juez del distrito de la Lonja D. Mariano Izquierdo que ayer estaba en funciones de guardia.

Antonio Roig en una entrevista para El Correo. Panorama, Suplemento del domingo.
Portada 21-05-2000. *La lista del Reich* (fotografía: Vicens Giménez).

El Semanal. Portada. *Yo fui esclavo de los nazis*. Núm. 698. 11 a 17-03-2001
(fotografía: Teresa Ricart).

Antonio Roig, Joan Escuer y Jaime Álvarez. Presència El Punt.
Portada. *Esclaus de Hitler*. 20-05-2001 (fotografia: Miquel Ruiz).

EL PAÍS, lunes 28 de junio de 2004   NECROLÓGICAS   AGENDA / 47

Antonio Roig, fundador de la filial de Amical Mauthausen en Barcelona

Antonio Roig. / GUERRERO

Recordar para no olvidar. Ésta fue la misión a la que se entregó en cuerpo y alma durante los últimos años de su vida el superviviente del horror nazi que en 1962 fundó una filial de la asociación Amical de Mauthausen en Barcelona.

A sus 85 años, Antonio Roig, incansable luchador por la libertad, seguía recorriendo colegios, institutos y asociaciones para contar el infierno de los campos de exterminio con un único objetivo: que la tragedia no se olvide y, por tanto, no se repita.

La pasada primavera, una caída le provocó fractura de fémur y afloró entonces un cáncer que el pasado sábado por la mañana le quitó la vida. "Se hallaba postrado en la cama de la clínica de la Barceloneta, pero hasta el último momento no dejó de relatar su terrible testimonio de exilio y esclavitud. Los médicos y enfermeras que le atendían fueron los últimos en escuchar sus palabras", explicaba ayer Miguel Ángel Cuello, un joven de 24 años que conoció a Antonio Roig en un instituto de Santa Coloma de Gramenet.

Cuello era entonces un alumno del centro y quedó tan impresionado por la historia del ex combatiente que se convirtió en uno de sus mejores amigos a pesar de la acusada diferencia de edad que les separaba. Antonio Roig, que desde su retorno a Cataluña vivía solo en el barrio barcelonés del Clot, se había desvinculado en el año 2000 de la Amical de Mauthausen "por razones personales".

Había fundado la asociación a su regreso a Barcelona, en 1948, tres años después de su liberación de Ebensee, un subcampo de Mauthausen donde, según recordaba el superviviente, quedaron dos piscinas llenas de cadáveres.

En Mauthausen, Antonio Roig estuvo durante cuatro años, entre 1941 y 1945. Allí trabajó en canteras de piedra, perforó túneles en las montañas austriacas y trabajó en una fábrica de aviones. De aquellos terribles años, Roig recordaba hasta el último momento, como si el tiempo no hubiera transcurrido, el olor de carne quemada que despedían los crematorios, la humillación que sufrían los prisioneros, que eran tratados como ratas y su uniforme a rayas con el triángulo azul con el que se identificaba a los apátridas, categoría a la que se incluyó los españoles debido al rechazo de Franco a considerarles hijos del país que habían defendido en el bando republicano. Roig tenía también vivo en su memoria el número de matrícula que le dieron en Mauthausen, el 5.722, y aseguraba que no contar todo lo sucedido había sido como funcionar a los 9.000 republicanos españoles que estuvieron en el campo, de los que sólo sobrevivirían 2.000.

Antonio Roig, que hoy será incinerado en una crematorio civil en el cementerio de Montjuïc de Barcelona, era uno de los pocos supervivientes de aquel horror que quedaban vivos. "Se ha perdido un testimonio muy importante para los jóvenes", lamentaba ayer Cuello. — MARTA COSTA-PAU

El País. Marta Costa: *Antonio Roig fundador de la filial de Amical Mauthausen en Barcelona*, p.47. Necrológicas, 28-06-2025.

Agradecimientos

In Memoriam, agradecemos, recordamos y reivindicamos la memoria de los compañeros de deportación de Antonio Roig:

- Joaquim Amat-Piniella, autor de *KL Reich*, superviviente y amigo de Roig.

- Luís Gil Blanco, deportado que coincidió en el campo de Mauthausen y Ebensee, fue jefe de barracón, le llamaba "el Peque", por ser dos años más joven.

- Josep Ester Borrás, compañero de deportación, Presidente de la Federación Española de Deportados y Internados Políticos (FE-DIP), y compañero del Amical de Mauthausen.

- Francesc Comellas Linares, anarquista de Castellar del Vallés que trabajó junto a Antonio Roig en la cantera de Mauthausen.

- David Moyano Tejerina, asturiano de Ujo, que llegó el mismo día que Roig al campo de Mauthausen.

- Mariano Constante Campo, deportado de Capdesaso (Huesca), hijo de maestros, estuvo cuarto años y medio internado en Mauthausen. Acompañó a Roig en sus charlas sobre la deportación en Aragón. Vivía en Montpelier y conservó negativos y fotografías de Francesc Boix en su casa, como también las había conservado Roig.

- Émile Valley, brigadista internacional en la guerra civil española, resistente y deportado, será secretario y presidente del Amical de Mauthausen de París. A partir de mediados de los años 70 se convierte en referente en la gestión de apoyo a los deportados y familiares.

- Pierre Saint-Macary, miembro del ejército francés, estuvo en Mauthausen y Ebense donde coincide con Roig; fue el presidente del Amical de París,

Agradecemos a los familiares de deportados su presencia y apoyo en la labor de solidaridad de Roig en el Amical de Mauthausen de Barcelona, especialmente a:

- Josep Esqué, de Arbeca, Lérida, familiar de deportados del campo de Gusen donde murieron. Roig coincidió con su padre en Mauthausen.

- Carme Daviu i Batlle, miembro del Amical y compañera de Jordi Riera, participa junto a Roig en la organización de las exposiciones de la organización.

- Jordi Riera i Sorribas, Figueras, hijo de deportado muerto en Gusen, miembro de la junta del *Amical de Mauthausen* junto a Roig desde 1995, organizador de los primeros viajes a los campos desde Gerona. Fue fundador de la asociación *Triangle Blau* de Figueras.

Agradecemos infinitamente la significativa aportación para la documentación de estas páginas de:

- Carlos Hernández de Miguel, familiar del deportado Antonio Hernández Marín deportado junto a Roig en Mauthausen, por sus aportaciones sobre la 24ª CTE, la aportación de la ficha de entrada al campo de Roig en Sètfonts y sus trabajos en *depostados.es*

- Fernando España Martorell, de Valencia, por la aportación de sus entrevistas a Roig en Barcelona de los años 2001 y 2002.

- Marta Molina Gil, de Toledo, nieta del deportado Tomás Gil Díaz, aporta la documentación de Luís Gil y del registro de Roig en el campo de concentración de Ebensee.

- Eva María Martínez, por la aportación de sus entrevistas a Roig en Barcelona de los años 1998 y 1999.

- Paco Ríos Durá, por la aportación de su grabación de Robert Giménez y Antonio Roig en el Amical de Mauthausen de Barcelona, el 18-07-2000.

Asimismo, agradecemos la colaboración y el habernos facilitado la consulta de sus fondos documentales a los archivos e instituciones que se relacionan a continuación:

- Amicale du Camp du Vernet d'Ariège, en especial las aportaciones de Lina Soulan y Raymond Cubells.

- Archives Départementales Ariège, en especial las aportaciones de Caroline Piquemal.

- Archives Départementales des Pyrénées-Orientales.

- Archives Départementales de Tarn-et-Garonne.

- Archives Militaires Caserne Pau.

- Archives Nationales Pierrefitte-Sur-Seine (France).

- Arolsen Archives International Center on nazi Persecution Bad-Arolsen-Deutschland. En especial las aportaciones de Bianka Geißler.

- Archivo Històric de la ciutat de Barcelona (AHB).

- Bundesministerium für Inneres (Österreich). DMI

- Centro Documental de la Memoria Histórica (CDMH), Salamanca.

- Gedenkstätte Mauthausen.

- Mairie de Bourg-Madame.

- Mairie de Royat (Puy-de-Dôme).

- Mairie de Clermont-Ferrand.

- Mairie de Suippes.

- Mauthausen Archiv, en especial la aportación de Florian Guschl.

- Service Historique de la Défense (SHD). Division des Archives des Conflits contemporains (DAVCC), Ministère des Armées, Caen (Francia).
- United States Holocaust Memorial Museum (USSHMM), en especial las aportaciones de Mrs. Susan Evans.
- Zeitgeschichte Museum & HZ Gedenkstätte d'Ebensee, en especial las aportaciones de su director Sr. Wolfgang Quatember.

Para terminar, queremos agradecer a *El Lokal* del Raval de Barcelona su resistencia en la lucha por la contracultura y la autogestión, por una sociedad más libre y justa. Lucha que compartimos, también con la aportación de estas páginas de memoria rescatada del olvido.

el LOKAL

El Raval, Barcelona
enero 2026